초등학교 선생님이 함께 모여 쓴
한국사 이야기 3

초판 1쇄 발행 2003년 12월 10일
개정 3판17쇄 발행 2023년 11월 10일

글쓴이 | 초등역사교사모임
그린이 | 이육남 · 이현진
펴낸이 | 우종갑
펴낸곳 | 늘푸른아이들
주소 | 서울시 도봉구 도봉로 137길 55, 202호(쌍문동 한신스마트빌)
전화 | 02-922-3133
팩스 | 02- 6016-9815
홈페이지 | www.greenibook.com
출판등록 | 2002년 9월 5일 제16-2840호

ISBN 978-89-90406-84-2 74910
      978-89-90406-91-0(세트)

잘못된 책은 바꾸어 드립니다.
이 책에 실린 내용과 사진을 무단전재와 복제를 금합니다.

KC	제품명: 한국사 이야기 3	제조자명: 늘푸른아이들	제조국명: 대한민국
전화번호 : 02-922-3133	주소: 서울특별시 도봉구 도봉로 137길 55, 202호
제조년월 : 2023년 11월	사용 연령: 10세 이상
*KC마크는 이 제품이 공통성안전기준에 적합하였음을 의미합니다.

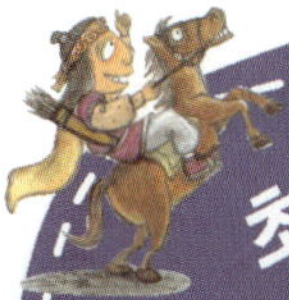

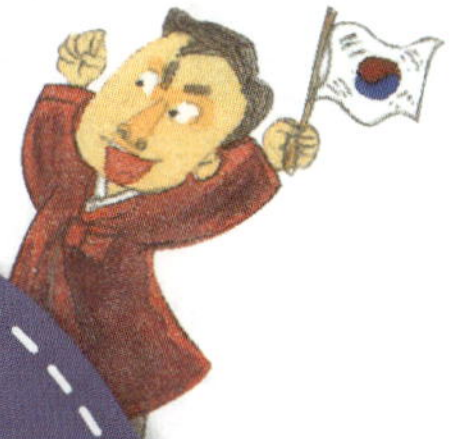

초등학교 선생님이 함께 모여 쓴

한국사 이야기

초등역사교사모임 지음

이육남 · 이현진 그림

3 근대에서 현대까지

늘푸른아이들

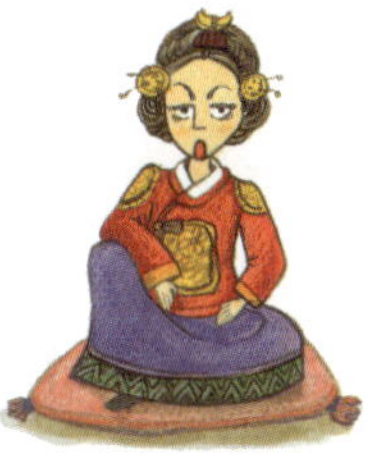

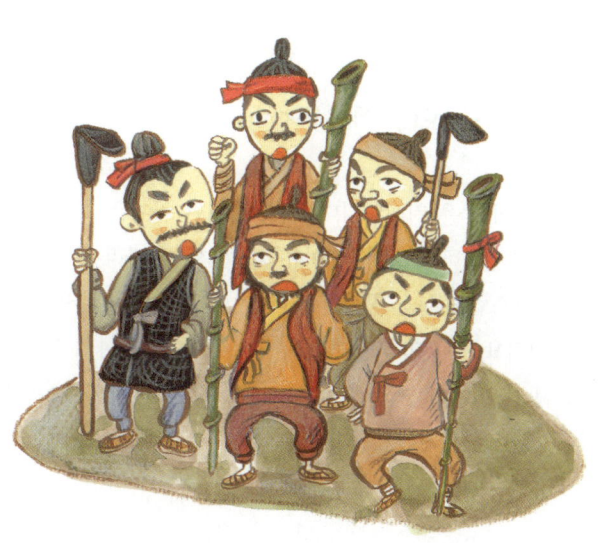

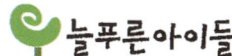

초등학교 선생님이 함께 모여 쓴 **한국사 이야기 3** – 머리말

우리가 역사를 배워야 하는 3가지 이유

첫째, 역사는 세계를 이끄는 지혜다.

세계를 움직이는 나라에서는 어린이들에게 제일 먼저 그 나라 역사를 가르친다고 합니다. 그것은 단순히 역사가 재미있는 읽을 거리이기 때문이 아닙니다. 역사는 읽는 순간부터 상상력을 자극하여 감성을 풍부하게 만들고, 역사적 사건에 대한 옳고 그름을 판단하게 하여 논리력을 길러 주고 추리력을 증진시켜 주기 때문입니다. 그런 이유로 '역사는 미래의 등불'이라는 말도 있습니다. 어린 나이부터 역사책을 읽으면 상상력과 판단력, 추리력이 풍부해져 세계 문화를 선도하고, 앞서 나가는 인재로 자라기 때문입니다. 우리나라의 미래가 밝은 것은, 바로 우리가 그 어느 나라보다 긴 5천 년의 역사를 가졌기 때문입니다.

둘째, 역사로 논리력을 키운다.

역사는 논리력을 키우는 가장 좋은 지식입니다. 세상의 어떤 일이든 그 일이 일어난 데는 이유가 있고, 순서가 있습니다. 논술이란, 바로 그러한 '이유'와 '순서'에 따라 글을 쓰는 것이지요. 그래서 역사를 읽는 것만으로도 자연스럽게 논술 공부가 됩니다. 어떤 공부든 억지로 하는 것보다 자연스럽게 하는 것이 더 빨리 익혀지지요. 이것이 역사를 공부해야 하는 또 하나의 이유입니다. 역사를 읽고 스스로 원인을 파악하고, 판단을 내려 보고, 미래를 예측해 보는 과정에서 우리는 우리도 알지 못하는 사이에 논리력이 자라고 있음을 발견하게 됩니다.

셋째, 역사는 나를 지키는 힘이다.

각종 미디어와 기술의 발달로 우리는 넘치는 정보의 홍수 속에서 살고 있습니다. 그러나 흡수할 수 있는 정보량이 늘어난 만큼 잘못된 정보도 여과 없이 흡수되기도 합니다. 우리가 역사를 배워야 하는 마지막 이유는 바로 우리의 뿌리를 지키기 위해서입니다. 현재 일본의 왜곡된 역사 교과서, 중국의 고구려사 왜곡 등은 우리가 우리의 역사를 제대로 알고 논쟁을 벌여야 할 것들입니다. 만약 그대로 그들의 억지 주장을 묵인한다면 세계는 잘못된 역사를 사실로 인정하며 우리의 반만년 역사를 중국 또는 일본의 것으로 치부할 것입니다. 어느 날 갑자기 잘못된 역사에 의해 내가 중국인이, 일본인이 될 수도 있다는 것이지요. 역사는 바로 나의 정체성을 찾아 주는 힘입니다.

초등역사교사모임

* 이 책에 필요한 사진을 제공해 주신 사진동호회 Canon Sarang(캐논 사랑), 300d club(삼백디 클럽)의 전국 회원 여러분께 감사의 말씀을 전합니다.

초등학교 선생님이 함께 모여 쓴 **한국사 이야기 3** - 차례

한반도를 노리는 열강들의 조선 침략 • 020

저기요, 선생님! 이런 게 궁금해요. • 032
흥선대원군의 업적
신사 유람단
최초의 태극기

선생님과 역사 읽기 – 사진으로 보는 강화도 문화재 • 036

신식 군대는 쌀을 먹고 구식 군대는 모래를 먹는대 • 040

선생님과 역사 읽기 – 여러 가지 돈 이야기 • 056

아아, 삼일천하 • 060

저기요, 선생님! 이런 게 궁금해요. • 066
최초의 근대식 학교는 어떤 학교인가요?
우리나라 최초의 서양식 병원은 무엇인가요?

외세를 몰아내고 조선을 되찾자 · 068

저기요, 선생님! 이런 게 궁금해요. · 078
갑오개혁, 그후…
일본의 명성황후 시해 사건
고종황제, 궁궐을 떠나 러시아 공사관으로

조선은 독립국이다 · 084

저 개, 돼지와 같은 대신들이 나라를 팔았구나 · 090

저기요, 선생님! 이런 게 궁금해요. · 098
일본의 독도 강탈 사건

선생님과 역사 읽기 – 절기 이야기 · 100

빚을 갚아 나라를 구하자 · 108

저기요, 선생님! 이런 게 궁금해요. · 114
헤이그 밀사 사건
군대 해산과 의병 전쟁

안중근의 넷째 손가락은 왜 짧을까 · 116

저기요, 선생님! 이런 게 궁금해요. · 124
한일 병합은 어떻게 이루어진 건가요?
한일 병합 이후에 달라진 게 무엇이 있나요?

온 나라에 울려 퍼진 만세 소리 • 128

저기요, 선생님! 이런 게 궁금해요. • 144
임시 정부가 뭐예요?
3·1 운동 외에 어떤 운동이 있었나요?

총을 들고 맞선 독립투사들 • 148

저기요, 선생님! 이런 게 궁금해요. • 158
일본 사람들의 끔찍한 만행

일본의 중요 인물을 암살하라 • 160

저기요, 선생님! 이런 게 궁금해요. • 168
민족 말살 정책과 수탈 정책
일제 강점기 민족의 혼을 지키기 위한 노력

선생님과 역사 읽기 – 우리의 전통 음식을 찾아서 • 174

대한 독립 만세 • 180

선생님과 역사 읽기 – 우리 악기 이야기 • 186

광복 그러나 38도선으로 갈라진 한민족 • 190

저기요, 선생님! 이런 게 궁금해요. • 200
제주도 4·3 항쟁
반민족 행위 처벌법

한민족의 비극, 6·25 전쟁 • 202

저기요, 선생님! 이런 게 궁금해요. • 212
책가방 대신 총을 들고 싸운 학도의용군
한국을 도운 16개국
노근리 양민 학살 사건
거제도 포로 수용소

민주 시민이 이끌어낸 승리, 4·19 • 216

한강의 기적 • 224

저기요, 선생님! 이런 게 궁금해요. • 232
새마을 운동
7·4 남북 공동 성명

선생님과 역사 읽기 - 역사, 알고 끝내야죠! • 234

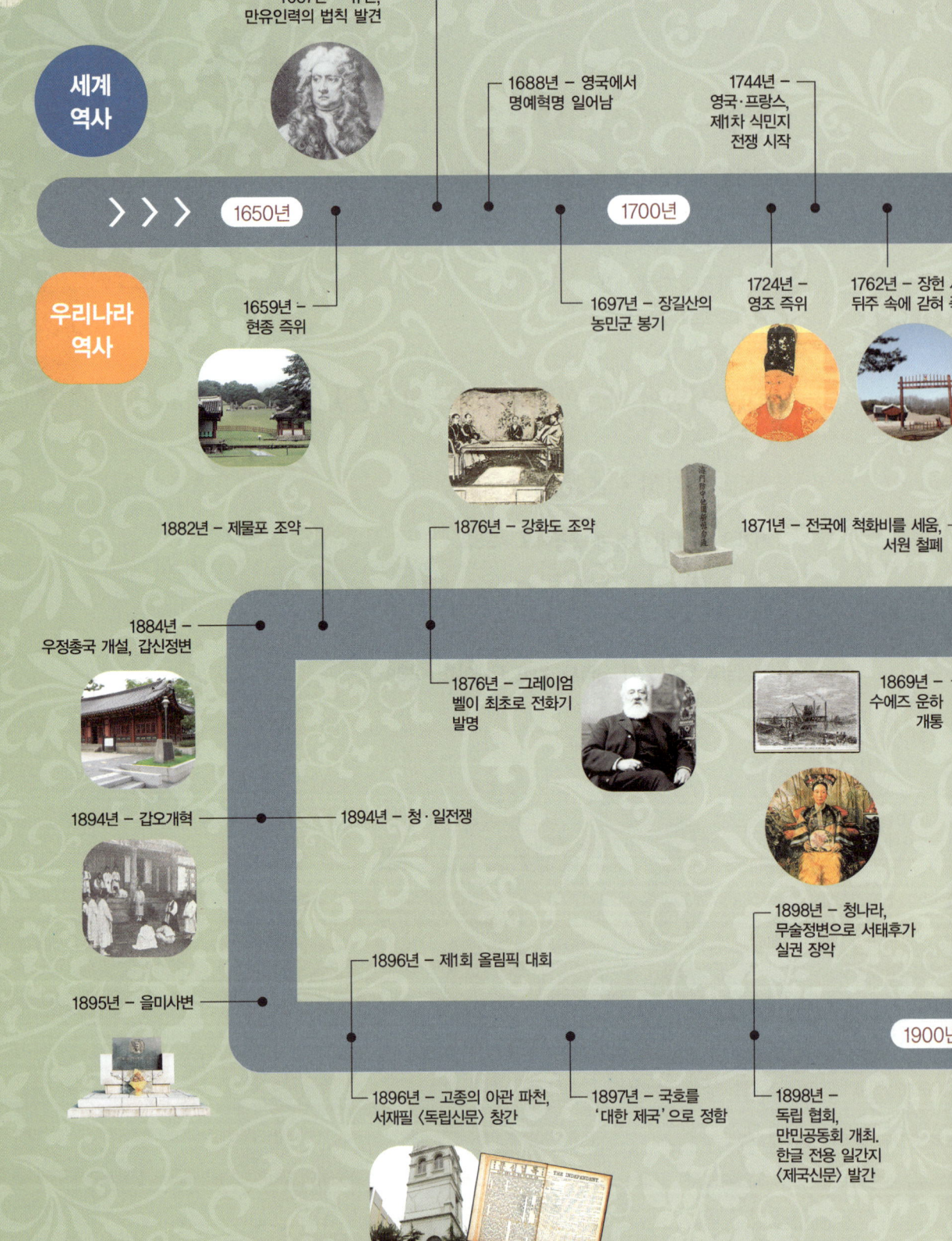

세계 역사

- 1912년 – 제1차 발칸 전쟁 시작. 불가리아·세르비아·그리스·몬테네그로 동맹
- 1913년 – 제2차 발칸 전쟁 시작
- 1914년 – 제1차 세계 대전 시작. 파나마 운하 개통
- 1922년 – 제노바 회의 개최
- 1921년 – 손문, 광둥 정부 총통으로 취임
- 1923년 – 일본 관동에서 대지진 일어남
- 1924년 – 중국, 제1차 국공 합작(국민당+공산당)
- 1925년 – 중국, 5·30 사건. 광둥에서 국민 정부 수립. 이탈리아, 파시스트 내각 성립
- 1926년 – 중국의 장제스, 북벌 개시
- 1927년 – 중국에서 남경 사건 일어남. 공산당 광둥 점령. 미국·영국·일본, 제네바에서 군축 회의 개최

우리나라 역사

- 1910년 – 한일 병합
- 1911년 – 〈소년〉 폐간. 105인 사건 (총독부에서 민족주의자 검거)
- 1913년 – 흥사단 조직. 광복단 조직
- 1914년 – 경원선 개
- 1921년 – 대한 국민단 조직. 김익상, 총독부에 폭탄 던짐
- 1922년 – 〈백조〉 창간. 서로 군정서, 한족회, 대한 독립단, 광복군 총영 통합 (통군부 발족)
- 1923년 – 김상옥, 종로 경찰서에 폭탄 던짐. 상해에서 국민대표 회의 개최
- 1925년 – 조선 공산당 조직. 제1차 공산당 사건
- 1926년 – 나석주, 식산 은행과 동양척식주식회사에 폭탄 투척. 김구, 임시 정부 국무령에 취임
- 1926년 – 6·10 만세 운동 일어남
- 1927년 – 신간회 조직. 대한민국 임시 헌법 공포

1917년 - 러시아 혁명. 소비에트 정권 성립

1917년 - 탱크가 처음으로 실전에 사용됨(캉브레 전투)

1915년 - 박은식, 〈한국통사〉 간행. 조선국권회복당, 신한혁명당 조직, 조선국민회 조직

1917년 - 임야조사령 공포

1918년 - 미국의 윌슨 대통령, 민족 자결주의 발표

1920년 - 독립군, 봉오동 전투에서 승리 청산리 전투에서 승리

1919년 - 고종 황제 사망. 3·1 독립 운동. 상해 대한민국 임시 정부 수립

1919년 - 중국 북경에서 5·4 운동 일어남. 파리 강화 회의 개최. 베르사유 조약

1920년 - 국제 연맹 설립. 간디, 영국에 대해 불복종 운동 선언

1928년 - 15개 국, 파리 부전 조약 승인. 중국의 장제스, 국민 정부 주석에 오름

1929년 - 에스파냐, 군부 혁명. 프랑스 파리 부전 조약 최종 확인. 세계 경제 공황

1930년 - 영국·미국·프랑스·이탈리아·일본, 군축 회의 개최. 중국의 장제스, 남경에 개선

1928년 - 함경선 철도 완공

1929년 - 광주 학생 항일 운동

1930년 - 김좌진 암살당함. 상하이에서 한국 독립당 조직

세계 역사

- 1931년 – 중국, 광둥 국민 정부 수립. 일본, 만주 침략으로 만주 사변 일어남
- 1932년 – 일본, 중국에 만주국 건국. 상하이 정전 조약 조인. 제네바 군축 회의 개최
- 1933년 – 독일 나치스, 독재 확립

>>>

우리나라 역사

- 1931년 – 임시 정부, 대외 선언 발표. 신간회 해산. 만보산 사건 발생
- 1932년 – 이봉창, 천황에 폭탄 투척. 윤봉길, 홍커우공원 폭탄 투척
- 1934년 – 조선농지령 공포. 진단 학회 창립. 〈진단학보〉 창간

- 1942년 – 조선어 학회 사건
- 1941년 – 임시 정부의 대한민국 건국 강령 발표

- 1942년 – 일본, 싱가포르와 말레이 점령
- 1941년 – 일본, 미국의 진주만을 기습. 태평양 전쟁 발발

- 1943년 – 진단 학회 해산
- 1943년 – 이탈리아의 무솔리니 실각. 미국·영국·중국, 카이로 회담

- 1945년 – 독일 항복, 동독과 서독으로 독일 분단. 히로시마 원폭 투하로 일본 무조건 항복. 모스크바 삼상 회의에서 한국 신탁 통치 결정.

- 1944년 – 연합군, 프랑스 파리 입성

1950년

- 1944년 – 학병제 실시. 여자 정신대 근로령 공포. 건국 동맹 결성
- 1945년 – 일본의 항복으로 해방됨. 38도선을 중심으로 남북이 나누어 짐
- 북한 공산군의 침략으로 6·25 전쟁 발발

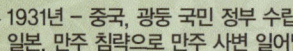

- 1936년 – 에스파냐 내란 발발. 중국, 장개석 구금 (서안사건)

1937년 – 중국·일본 전쟁 시작. 제2차 국공 합작. 남경대학살 일어남

1936년 – 손기정, 베를린 올림픽 마라톤 우승. 〈동아일보〉, 손기정 선수 사진에서 일장기를 지움

1940년 – 창씨 개명 제도 시행. 임시 정부, 건국 강령 제정. 〈조선일보〉, 〈동아일보〉 강제 폐간

1937년 – 최현배 〈우리말본〉 간행. 관공서에서 일본어만 사용하도록 지시. 조선의용대 조직

1938년 – 중국, 중경을 임시 수도로 정함. 독일, 오스트리아와 합병 선언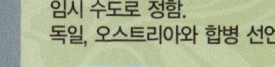

1940년 – 황국 신민화 운동

1940년 – 한국 광복군 창설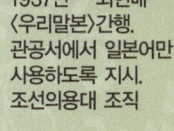

1938년 – 조선교육령 개정·공포

1939년 – 〈문장〉 창간

1940년 – 영국의 처칠, 내각 조직. 일본·독일·이탈리아, 3국 동맹

1939년 – 제2차 세계 대전 발발

1963년 – 케네디 대통령 암살됨

1989년 – 베를린 장벽 붕괴, 독일 통일

1992년 – (구)소련 붕괴

1953년 – 휴전

1960년 – 4·19 의거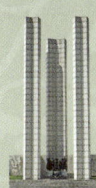

1965년 – 국군, 베트남전 파병

1971년 – 경부고속도로 완공

2002년 – 한·일 월드컵 개최

>>>

한반도를 노리는 열강들의 조선 침략

한반도는 프랑스와 미국, 일본을 비롯한 여러 나라들로부터 침략을 받기 시작했습니다. 여러 가지 이유로 침략의 기회를 엿보던 제국들은 조선 침략을 본격화했습니다.

호랑이 잡던 실력으로 프랑스군을 물리치다 - 병인양요

1866년 무렵, 프랑스의 베르뇌 신부를 비롯한 외국인 신부 아홉 명이 흥선대원군 앞에 붙들려 왔습니다.

"서양인 신부들은 나라의 질서를 무너트리고 풍속과 전통을 어지럽게 하였으므로 그냥 둘 수 없노라. 또한 이들을 믿고 따르는 자들도 모두 찾아내 처형하도록 하라!"

나라의 질서를 무너트린다는 것은 신분의 질서가 혼란스러워진다는 말이었습니다. 흥선대원군이 이 말을 한 것은, 천주교 신부들이 '사람은 모두 평등하다.'고 주장하며 양반과 상민의 구분을 두지 않았기 때문입니다. 또한 사람들이 천주교를 믿으면서 제사를 지내지 않는 등 조선 시대의 유교적 풍습에 거스르는 일이 많았습니다.

자신의 잘못을 인정하라는 흥선대원군의 다그침에도 신부들은 하느님의 말

씀을 거역할 수 없다며 버텼습니다. 결국 신부들은 차례로 목숨을 잃고 말았습니다.

그들뿐만 아니었습니다.

조정의 관리와 포졸들은 집집마다 샅샅이 뒤지며 천주교 신자들을 찾아내 처형했습니다. 그 일로 3개월 동안 무려 8천여 명의 천주교 신자들이 목숨을 잃었습니다. 이 사건을 '병인박해'라 합니다.

이때, 가까스로 목숨을 건진 프랑스 신부 리델이 중국 텐진에 머물고 있던 프랑스 함대의 로즈 제독에게 이 사실을 알렸습니다.

"프랑스 인이 억울하게 처형되었다는 말이 사실이오? 그렇다면 당장 조선으로 달려가 그 책임을 묻겠소."

로즈 제독은 자기 나라의 신부들이 처형당했다는 말을 듣고 그해 9월, 군함 세 척을 조선으로 보냈습니다. 조선에 도착한 프랑스 군함은 강화도 초지진과 제물포 앞바다를 살펴본 뒤 일단 물러났습니다. 그리고 한 달 뒤, 이번에는 로즈 제독이 직접 일곱 척의 군함을 이끌고 강화도 앞바다에 나타났습니다.

✅ 양현수

헌종 때 무과에 급제하여 선전관이 되었습니다. 고종 때 제주 목사로 있을 당시 탐욕한 관리들을 징계하여 도민들로부터 칭송을 들었고, 이듬해 정족산성 수성장으로 부임합니다. 병인양요 때 정족산성에서 프랑스군을 물리칩니다.

✅ 문수산성

문수산성 이름은 문수사라는 절에서 유래되었으며 현재 경기도 김포시 월곶면 포내리에 위치해 있습니다.
문수산성은 숙종(1694년) 때 세운 것으로 순조(1812년) 때 대대적으로 보수하였습니다. 고종 병인양요 때 프랑스군과 치열하게 전투를 벌였던 지역으로 유명하지요.

흥선대원군은 즉시 이경하 장군을 총사령관에 임명하고, 여러 장수들을 강화도로 보냈습니다.

"장수 이용희는 김포를 지키고, 양헌수 장군을 강화도로 보내 정족산성을 지키게 하시오. 또한 한성근 장군은 초지진을 방어하시오."

프랑스 함대는 초지진을 향해 함포 사격을 시작했습니다.

"콰쾅! 쾅!"

대포 소리가 천지에 진동했습니다. 그 대포 소리는 그때까지 조선군 병사들이 듣던 포 소리와는 사뭇 달랐습니다. 프랑스는 그때 이미 신무기를 군함에 장착하고 있었던 것입니다.

초지진은 단 몇 발의 사격으로 흔적도 없이 사라졌습니다. 곧이어 로즈 제독의 프랑스군은 먼저 갑곶진을 점령했고, 순식간에 광성진을 짓밟더니 얼마 되지 않아 강화읍을 손에 넣었습니다. 프랑스군의 다음 목표는 양헌수가 지키고 있는 정족산

◐ 문수산성

성이었습니다.

"프랑스군은 신무기를 가졌소. 우리가 가지고 있는 그 어떤 무기로도 그들의 신무기를 당해 낼 수 없을 것이오. 다행히 정족산성은 길이 험하여 큰 포를 이끌고 오지는 못할 것이오. 그러니 내 말을 따르시오."

양헌수는 프랑스군이 강화 앞바다에 나타나자마자 한양과 인근 마을의 유명한 포수들을 불러 모았습니다. 그 포수들은 아주 먼 거리에 있는 작은 짐승도 정확하게 쏘아 맞추는 명포수들이었습니다. 양헌수는 이 포수들을 정족산성 안팎의 숲 속에 숨겨 놓았습니다.

포수들은 멀리서 접근하는 프랑스 군사들을 쏘아 넘어뜨렸습니다. 프랑스군은 숲 속 어디에서 총알이 날아오는지 알지 못해 우왕좌왕하기만 할 뿐 쉽사리 성 가까이에 접근하지 못했습니다. 그러다 마침내 6명의 전사자와 30명이 넘는 부상자를 남기고 철수했습니다.

그러나 이때, 앙심을 품은 로즈 제독은 정족산성 전투의

○ 정족산성 전투 모형(강화 역사관)

✓ 외규장각

외규장각은 규장각이 창설된 지 5년 뒤인 1781년(정조 5년)에 세워졌습니다. 왕실 및 나라에 특별히 중요한 서적을 보존하기 위해 지었지요. 이런 이유로 외규장각의 도서는 급격히 증가하여 프랑스군이 침략하기 직전에는 6천여 권의 책이 보관되어 있었어요. 프랑스군은 바로 이곳을 습격하여 수많은 책을 불태우고 일부는 프랑스로 가져갔어요. 특히 이때 프랑스가 가져간 조선왕실의 의궤(2007년 유네스코 세계 기록유산으로 지정)는 조선 후기 왕실의 풍속과 생활 모습 등을 꼼꼼히 살펴볼 수 있는 귀중한 보물이지요. 지금도 우리나라는 이때 빼앗긴 문화재 환수 운동을 벌이고 있답니다.

패배에 대한 보복으로 강화도의 문화재를 약탈했습니다.

특히 정조 임금이 지은 외규장각을 부수고 들어가 그 안에 있던 수많은 책과 보물들을 빼내 배에 싣고 서둘러 강화도를 빠져 나갔습니다. 이 사건을 '병인양요'라 합니다.

미국의 신무기와 포탄을 이겨 내다 – 신미양요

프랑스군이 프랑스 신부를 죽였다는 이유로 조선을 침략(병인양요)한 지 5년이 되던 1871년에는 미군이 5척의 군함에 대포 85문을 장착하고 강화도에 상륙했습니다. 책임자는 미군의 아시아 함대 사령관 J. 로저스였습니다. 함대에는 해병대를 비롯해 1,230여 명이 타고 있었습니다.

그들이 나타난 이유는 단 한 가지였습니다. 1866년에 대동강에서 있었던 제너럴셔먼호 사건(미국의 제너럴셔먼호가 평양 부근에 상륙해 통상 요구를 했어요. 이를 거절하자 평양 시민들을 죽이고 다치게 하였고, 화가 난 평양 시민들이 힘을 합해 배를 침몰시킨 사건이에요)의 원인을 밝히겠다는 것이었습니다.

그러나 프랑스도 그랬듯 그것은 핑계일 뿐이었습니다. 미국의 목적도 유리한 조건으로 조선과 무역을 하려는 것이었고, 궁극적으로는 조선을 식민지로 만들려는 계획이었습니다. 이를 눈치 챈 조선의 조정에서는 강화도 지역의 수비를 튼튼하게 하고 미국의 모든 요구를 거절했습니다.

그러자 미국 군함 두 척이 바다의 깊이를 측량한다는 핑계를 대고 강화도를 지키는 데 가장 중요한 위치인 광성진을 통과했습니다. 이때 조선 군사들은 경고용 포격을 가해 미군 함대를 물리쳤습니다.

그러자 미국은 이 포격을 문제 삼아 손해 배상을 요구했습니다. 물론 조선은 이들의 요구를 단호하게 거부했습니다.

그러자 미군 함대는 곧바로 전투태세를 갖추었습니다.

미군은 강화도를 점령해야만 한양으로 쉽게 들어갈 수 있을 것이라고 생각하고 강화도에 접근했습니다. 조선군은 강화도의 초지진, 덕진진, 손돌목에 포대를 설치하고 미군 함대가 나타나기만 하면 포를 쏘아 공격했습니다.

하지만 미군의 화력을 당해 낼 수는 없었습니다.

미군은 해병대 6백여 명을 동원해 순식간에 초지진을 점령했고 곧바로 광성진을 향해 진격했습니다. 어재연의 재빠른 작전 지휘에도 불구하고 광성진은 곧 미군에게 포위당했습니다.

미군의 성능 좋은 대포와 총탄이 조선군 병사들에게로 날아들었습니다. 조선의 병사들은 속수무책이었습니다. 죽을 각오로 버텼지만,

⬆ 광성보 전투 재연(강화도 역사관)

싸움은 점점 더 조선군에게 불리해졌습니다.

그럼에도 불구하고 수비 대장 어재연은 포기하지 않았습니다.

"조선의 병사들아, 탄알이 떨어지면 맨손으로라도 싸워야 한다. 적에게 항복하여 조선을 부끄럽게 만들지 말고 죽음으로 맞서 싸우라!"

어재연의 각오는 비장했습니다.

하지만 그 각오도 미군의 신무기와 포탄을 이겨 내지는 못했습니다. 곧 성벽이 무너지고 매키 중위의 지휘를 받은 미군의 결사대 백여 명이 성 안으로 쏟아져 들어왔습니다. 끝내 어재연은 전사하였습니다. 대부분의 장수와 병사들도 살아남지 못했습니다. 미군의 매키 중위도 전투 중에 사망했습니다.

이제 남은 곳은 강화읍뿐이었습니다.

> ☑ **어재연**
>
> 헌종 때 무과에 급제하여 병인양요와 신미양요 때 강화도 광성진을 수비한 명장입니다. 1871년 600명의 군사로 미군의 공세에 끝까지 물러서지 않고 고군분투하던 끝에 전사하였습니다.

⬇ 초지진과 성벽에 남아 있는 대포 자국

이때, 강화읍을 지키고 있던 수비 대장 이장렴은 신무기를 가진 미군과 싸워서 이길 수 없다는 것을 알고 있었습니다.

방법은 하나뿐이었습니다.

이장렴은 밤까지 기다렸다가 미군이 점령하고 있던 초지진을 기습했습니다. 이장렴의 군사들은 초지진에 진을 치고 있던 미군을 향해 쉴 새 없이 소총을 쏘며 초지진으로 달려들었습니다. 나중에는 백병전(칼 등을 들고 양 편이 뒤섞여 싸우는 것을 말해요)이 벌어졌습니다.

◐ 신미양요 무명용사 전적 비

미군들은 조선군보다 훨씬 강력한 총과 대포를 가지고 있었지만 기습 공격을 받자 쉽사리 막아 내지 못했습니다. 싸움이 새벽까지 계속되자 미군은 초지진을 버리고 강화도 옆의 물치도라는 섬으로 후퇴했습니다.

◐ 서양 열강과 싸울 때 사용했던 중포

그리고 강화에 나타난 지 43일 만에 3명의 전사자와 10명의 부상자를 내고 돌아갔습니다. 이 사건이 바로 '신미양요'입니다.

이 사건 직후, 흥선대원군은 척화비를 세웠습니다.

대원군의 척화비

병인양요와 신미양요 이후 흥선대원군이 서양 사람을 배척하기 위해 서울과 지방 각처에 세운 비석입니다. 흥선대원군은 온 백성들이 외세의 침입을 경계할 수 있도록 비석에 글을 새겼지요. 그러나 임오군란 때 흥선대원군이 청나라로 납치되자, 이는 철거되거나 땅에 묻혔습니다.

서양 오랑캐가 쳐들어오니(洋夷侵犯)
싸우지 않으면 이는 친하게 지내자는 뜻이요(非戰則和)
친하게 지내자는 것은 나라를 팔아먹는 행위로다(主和賣國)

그리고 나라의 문을 더욱 철저하게 단속했습니다.

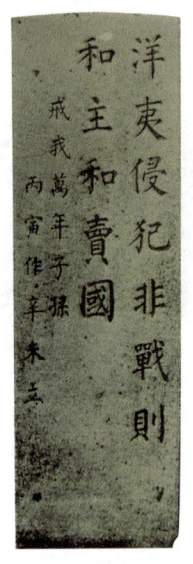
○ 척화비문

이것이 모두 조선의 탓이오 - 운요호 사건과 강화도 조약

1875년 9월, 이번에는 강화도에 일본의 군함 한 척이 나타났습니다. 배의 이름은 운요호(운양호라고도 해요)였습니다.

이 배는 강화도를 오가더니 이윽고 강화도 동남쪽에 있는 난지도라는 섬 앞바다에 닻을 내렸습니다. 서해안을 지키던 조선의 병사들은 운요호를 향해 즉시 돌아가라고 외쳤습니다.

하지만 운요호는 오히려 조선군을 향해 사격을 가했고 조선군 진지를 쑥대밭으로 만들어 놓았습니다. 그런 뒤에는 영종도에 상륙해서 백성들의 집을 약탈했습니다. 이 과정에서 약 35명의 조선군 병사들이 전사하고 무기마저 빼앗겼습니다.

그러나 기가 막힌 일은 이 싸움

이 조선의 탓이라는 일본의 주장이었습니다.

그해 12월, 전권 대사(나라를 대표하여 다른 나라에 파견되어 외교를 맡아보는 최고 직급에 있는 사람을 말해요) 구로다 기요타카는 부산에 3척의 군함을 이끌고 와 운요호 사건에 대해 책임지라며 협박했습니다.

"우리 일본은 운요호 사건을 조사하고 그 책임을 묻기 위해 왔소. 우리 함대는 곧 강화도로 갈 것이오. 그러니 조선의 대신들이 강화도에 나와 주길 바라오. 만약 나오지 않을 경우, 우리는 곧바로 한양으로 진격할 것이오."

결국 그 이듬해 2월 27일, 강화도에서 조선과 일본의 관리들이 만났습니다.

강화도에 도착한 일본측의 대표 구로다 기요타카는 무조건 조선의 잘못이니 배상을 하라고 요구했습니다.

조선의 대표 신헌과 윤자승이 맞서 보았지만 일본 대표들은 막무가내였습니다. 피해를 본 것은 오히려 조선 쪽인데, 저희들이 더 피해를 보았다며 다시는 그런 일이 생기지 않도록 조약을 맺자고 요구했습니다.

사실 그것이 일본이 운요호를 강화도에 보낸 애초의 이유

신헌

조선 후기의 무신이자 외교가였던 신헌은 우리 역사의 중요한 사건의 핵심 인물로 활동했습니다. 1875년에 일본과 강화도 조약을, 1882년에 미국과 한미 수호 조약을 체결하였습니다.

였습니다.

그때 일본은 조선과 달라서 서양에 적극적으로 문호를 개방하고 신문물을 받아들이고 있었습니다. 그러나 그렇게 문호를 개방하는 동안 미국과의 무역에서 손해가 많이 나서 일본 경제 전체가 흔들릴 지경이었습니다.

그 손해를 메울 수 있는 방법은 바로 다른 나라의 문호를 강제로 열어 자신들의 물건들을 팔아치우는 것이었습니다.

이를테면 일본은 조선과의 무역을 통해 자신들의 손해를 메워 보자는 생각이었습니다.

일본의 대표는 미리 준비해 온 12항목의 조약문을 내보였습니다.

비록 조약의 1조에는 조선과 일본이 평등한 권리를 갖는다고 되어 있었지만, 일본이 조선의 해안을 마음대로 측량하고 조사할 수 있게 한다든지, 일본 사람이 조선에서 저지른 범죄는 일본 관리만이 죄를 물을 수 있게 한 것은 매우 불평등한 조항이었습니다.

✔ **강화도 조약**

운요호 사건을 계기로 조선과 일본 사이에 체결한 조약입니다. 군사력을 동원한 일본의 강압에 의하여 맺어진 불평등 조약으로 이 조약에 따라 조선은 부산 외에 인천, 원산의 두 항구를 개항하게 되었습니다. 이로써 조선은 외국에 문호를 개방하게 되었고 이를 통해 신문물을 수입하게 되었지만, 여러 열강의 침략을 받게 되는 출발점이 되었습니다.

이때, 두 나라가 새로이 조약을 맺으려 한다는 소문을 들은 전국의 선비들은 절대 있을 수 없는 일이라며 고종 임금에게 상소문을 올렸습니다. 특히 최익현은 도끼를 들고 대궐 앞에 엎드려 고종 임금을 향해 외쳤습니다.

"상감마마! 왜나라는 오랑캐요, 조선은 동방예의지국이옵니다. 어찌 동방예의지국에서 굴욕적으로 왜나라과 조약을 맺는단 말입니까! 더구나 왜나라는 오랫동안 우리 조선을 섬겨 왔습니다. 왜나라의 사신들을 쫓아 보내야 하는 것이 마땅합니다. 조약을 맺는 것은 나라를 팔아먹는 것과 다름 없습니다. 만약 조약을 맺으시려거든 이 도끼로 저를 내려치신 뒤에 맺으시옵소서."

그러나 최익현은 끌려가 옥에 갇혔고, 결국 조약은 체결되었습니다.

이것을 강화도 조약, 또는 병자수호조약(병자년에 맺은 조약이라는 뜻이에요)이라고 합니다. 이 조약은 아주 불평등한 조약으로 조선에 들어온 일본 사람의 권리를 인정해 줄 뿐 지켜야 할 의무는 표기되지 않았습니다.

훗날 이 조약은 일본이 조선을 침략하는 발판이 되었습니다.

> **✓ 정한론**
>
> 1870년대 일본 정치계에 있었던 조선 정복에 관한 주장입니다.
>
> 사이고 다카모리를 중심으로 한 정한파는 조선 정벌(정한론)을 주장하였습니다. 그러자 오쿠보 도시미치를 중심으로 한 내치파는 아직은 외국을 넘보기보다는 국력을 키워야 한다는 주장으로 정한파와 대립하게 됩니다.
>
> 이렇게 두 파가 맞서자 일본 왕은 내치파의 뜻을 들어줍니다.

◐ 정한론 선전도. 1870년대에 일본의 정치가들이 조선을 점령하려고 모의하는 상황을 그린 그림

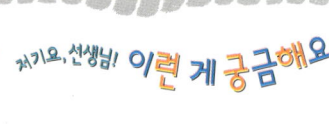
한반도를 노리는 열강들의 조선 침략

흥선대원군의 업적

제25대 임금인 철종은 세상을 떠날 때까지도 뒤를 이을 자식이 없었어요. 그래서 당시 궁궐의 어른인 조 대비가 흥선군의 둘째 아들(고종)을 다음 왕위 계승자로 정했지요. 하지만 당시 고종은 나이가 어려서 아버지인 흥선군이 대원군으로 봉해졌고 대신 나라를 돌보았어요.

흥선대원군은 어릴 때부터 안동 김씨의 세도 정치 아래서 불안한 세월을 보낸 사람이에요. 나랏일을 돌보기 시작한 흥선대원군은 세도 정치를 뿌리 뽑기로 마음먹었어요. 그래야 왕권도 강해지고 바른 정치를 펼 수 있다고 믿었지요.

흥선대원군은 일단 안동 김씨 세력을 도성 밖으로 내보냈답니다.

○ 흥선대원군

그리고 능력 있는 인재를 고루 등용하기로 결심했어요. 따라서 서얼 출신과 중인들도 능력만 있다면 얼마든지 관직에 오를 수 있었지요. 흥선대원군의 이런 정책은 당시로서는 무척 개혁적인 것이었어요.

흥선대원군의 파격적인 개혁은 또 있었어요. 호포제를 실시해서 양반에게도 군포를 부과한 것이지요. 또한 600여 개에 달하던 서원들을 대부분 철폐해서 47개

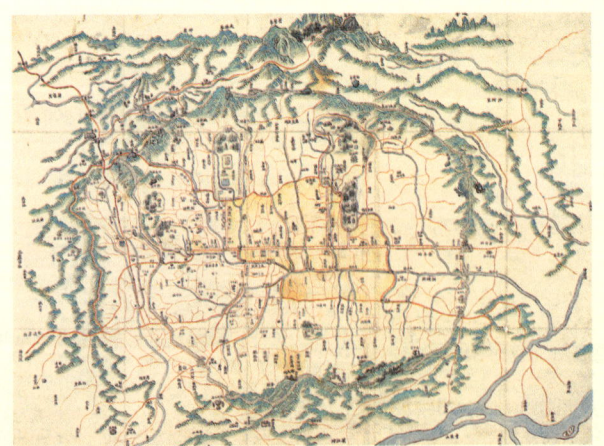
○ 조선 후기에 그려진 한양 도성도

만 남겼답니다. 본래 서원은 지방의 선비들이 모여서 학문을 공부하고 인재를 양성하는 곳이었어요. 하지만 시간이 지날수록 당파 싸움의 발생지로 변했지요. 게다가 서원은 세금도 내지 않았기 때문에 국가 재정에 큰 부담이 되었어요. 흥선대원군은 이렇게 점점 부패해 가는 서원을 과감하게 정리한 거예요. 당시 서원에서 공부하던 유생들의 반대가 무척 심했겠지요? 대궐 앞에 몰려와서 시위를 벌이는 경우도 있었어요. 흥선대원군은 이런 사람들을 잡아다 큰 벌을 주었답니다.

그 다음으로 흥선대원군이 한 일은 경복궁을 짓는 일이었어요. 임진왜란으로 불탄 경복궁을 복원하고 싶었던 거예요. 그러나 경복궁을 짓는 데는 돈이 많이 필요했지요. 흥선대원군은 고민 끝에 원납전(기부금)을 강제로 실시했어요. 원납전 1만 냥을 내면 고을의 수령 자리를 살 수도 있었지요. 물론 그 부담은 모두 백성들에게 돌아왔어요.

◐ 서양 배의 접근을 금지하는 경고비 (강화도 덕진진)

백성들은 전보다 많은 세금을 내야 했고, 공사를 위해 농사도 팽개쳐야 했어요. 경복궁이 완성된 후에 흥선대원군은 백성들의 세금을 줄이기 위해 노력했어요. 모자라는 돈은 양반들이 채우도록 했지요. (☞ 58쪽)

이후에 흥선대원군은 1865년 11월에 〈대전회통〉이라는 법전을 만들고, 토지 대장을 만들어서 기록에 빠진 땅을 새로 정리 했어요. 국가의 체제를 정비하는 데 적극적이었지요.

그러나 대외적인 부분에 있어서는 무척 폐쇄적이었어요. 외세의 개항 요구에 강하게 반발하여 문을 꼭꼭 닫았답니다. 이것으로 우리의 자존심은 지킬 수 있었을지는 몰라도 다른 나라에 비해 근대화가 늦어지는 결과를 가져왔지요.

신사 유람단

신사 유람단은 조선 정부에서 일본에 파견한 특사를 말해요. 고종 임금은 강화도 조약을 맺은 것을 계기로 일본에 사신을 파견했어요. 이를 먼저 제안을 한 것은 일본이었지요. 우리와 강

◎ 강화도 조약을 체결하는 장면

화도 조약을 맺은 일본은 몹시 기분이 좋았거든요. 자신들의 입맛에 맞게 만들어 놓은 불평등 조약이었으니까요. 성대한 잔치를 벌인 일본은 우리에게 한 가지 제안을 했어요.

"이제 조선도 개항을 했으니, 서둘러 서양 문물을 배워야 하지 않겠소? 우리 일본에 사신을 파견해서 개화된 일본을 살펴보는 게 어떻겠소? 그렇게 하겠다고 하면 우리가 배를 보내 주겠소."

일본은 일찍이 서양 문물을 받아들였기 때문에 우리보다 훨씬 근대화되어 있었지요. 고종은 일본의 제의에 따라 그 해에 김기수를 비롯한 여러 대신들을 수신사로 보냈어요. 그들은 일본 배인 황룡호를 타고 일본에 도착했고요. 수신사들은 일본의 학교, 관아, 조선소 등을 시찰하면서 근대 문물들을 체험할 수 있었지요. 이를 바탕으로 김기수는 〈일동장유기〉와 〈수신사일기〉라는 책까지 냈답니다. 그 속에는 개화된 일본의 모습이 상세하게 적혀 있었어요. 그는 하루라도 빨리 서양 문물을 받아들여야 한다고 주장했지요.

조선 조정에서는 이런 신사 유람단을 비밀리에 파견했어요. 당시에는 개화 정책에 반대하는 이들이 많았기 때문이지요. 1881년 1월에 홍영식을 비롯한 12명의 관리가 일본에 보내졌을 때 이들은 각각 비밀 문서를 받았어요. 한양을 벗어나서야 열어볼 수 있는 봉투였지요. 봉투 안에는 동래부 암행어사 임명장과 부산으로 오라는 지령이 적혀 있었습니다. 12명의 관리들은 그제야 자신들이 신사 유람단인 것을 알았어요. 일본에서 돌아온 이들은 개화 정책에 많은 영향을 끼쳤답니다.

 ## 최초의 태극기

나라마다 그 나라를 대표하는 국기가 있어요. 우리나라 국기를 태극기라고 하는 것은 누구나

알 거예요. 그런데 처음에 우리나라 사람들은 국기가 무엇을 의미하는지 알지 못했었어요. 운요호 사건을 계기로 일본과 강화도 조약을 맺을 때 처음으로 국기에 대한 필요성을 깨닫고 논의하기 시작했지요. 일본은 운요호를 공격한 것에 대해서 이렇게 따져 물었던 거예요.

"분명 일본의 국기가 걸려 있었는데, 왜 폭격을 가한 것이오! 일본 배라는 것을 몰랐다는 건 말이 안 되오."

조정에서는 이 사건을 계기로 국기의 필요성을 깨닫기 시작했습니다. 그리고 우리나라 역시 독립 국가임을 알리려면 나라를 상징하는 국기가 필요하다고 생각했지요.

1882년, 박영효를 비롯한 수신사 일행이 일본을 방문해야 할 일이 생겼어요. 임오군란(☞ 40쪽)에 대한 대책을 마련하기 위한 일정이었지요. 일행은 국기로 나라를 알려야겠다는 생각이 들어서 급히 국기를 만들었어요. 전통 문양인 태극을 청색과 홍색으로 그리고, 태극 주위에는 4괘를 그려서 민족을 상징하는 태극기를 만들었지요. 하지만 박영효 일행이 독자적으로 생각해 냈던 건 아니었어요. 그 전에 태극기의 도안은 이미 조정에서 논의된 바가 있었지요. 태극기의 도안을 처음 만든 것은 고종이라고 전해져요. 박영효 일행은 이를 참고해서 태극기를 만든 것이지요(이러한 설이 정설로 알려져 있어요).

일본에 도착한 수신사 일행은 자신들이 만든 태극기를 숙소 건물에도 걸었어요. 그리고 일본의 하나 부사에게 부탁해서 여러 개의 태극기를 만든 뒤, 가는 곳 마다 국기를 걸었지요. 8월 22일에는 왕실에 태극기를 사용했음을 보고했고요. 이 보고를 받은 고종은 다음 해인 1883년에 태극기를 나라의 국기로 정하고 널리 알렸답니다.

◐ 초기에 사용된 태극기

가장 오래된 태극기(1884년)   외국인 데니가 소장했던 태극기   외국인 노블 여사가 소장했던 태극기 (1890년대 말)

선생님과 역사 읽기 ••• 사진으로 보는 강화도 문화재

강화도 문화재 베스트 ❶ 진·보·돈대가 뭐예요?

강화도에는 섬의 해안을 따라서 유적이 분포되어 있어요. 이 유적지들은 '진'과 '보', '돈대' 같은 이름이 붙여져 있지요. '초지진, 광성보, 갑곶 돈대'가 그 예지요. 그러면 '진, 보, 돈대'가 어떤 의미를 가지고 있는지 알아볼까요?

일단 이들은 군사 유적지라는 게 공통점이에요. 강화도는 수도인 한양을 방어할 수 있는 곳에 위치해 있어요. 적으로부터 강화도를 점령당하면 한양이 위험해지기 때문이지요. 그래서 효종 때부터 숙종 때까지 강화도 해안가를 따라서 군사 시설을 설치했어요. 그리고 군사가 주둔할 수 있도록 만든 군사 시설을 '진, 보, 돈대'라고 불렀지요.

'진'의 경우에는 대규모의 병력이 주둔하는 곳이에요. '진' 아래에는 다시 중간 규모의 병력이 배치될 수 있는 시설을 세웠어요. 이것을 '보'라고 하지요. 그리고 '보' 밑에는 '돈대'를 설치했어요. '돈대'에는 보병과 대포가 배치되어 있고요. 지금도 옛날의 대포가 그대로 전시되어 있어요.

왼쪽 위에서부터 초지진, 덕진진, 갑곶 돈대

광성보

광성 돈대

강화도 문화재 베스트 ❷ 정족산성

정족산성은 삼랑성이라고도 불려요. 단군의 세 아들인 부여, 부우, 부소가 쌓은 성이라는 전설이 있거든요. 그래서 세 아들이라는 의미의 삼랑이라는 이름을 붙여 삼랑성이라 부르는 거예요. 단군의 세 아들은 참성단을 보호하기 위해서 이 성을 쌓고 각각 한 봉우리씩을 맡아서 지켰다고 해요.

정족산성은 원래 문이 여러 개 있었는데 지금은 모두 없어지고, 전등사 입구의 조그만 문 하나만 남았습니다.

정족산성

강화도 문화재 베스트 ❸ 용흥궁

용흥궁

조선 제25대 왕인 철종이 살았던 집을 용흥궁이라고 불러요. 보통 왕위를 이을 세자는 궁 안에서 왕위 계승 수업을 받지요. 하지만 경우에 따라서는 궁 바깥에서 살던 사람이 왕이 되기도 해요.

이렇게 왕위에 오르기 전에 살았던 집을 '잠저'라고 부르지요. 용흥궁은 강화도에 있는 집으로 철종이 열아홉 살 때까지 살던 곳이에요. 원래는 작은 초가집이었지만 철종이 왕이 된 이후에 새롭게 지어졌어요.

그런데 왕족인 철종은 왜 초가집에서 살았을까요? 철종의 가족은 역모에 관련되어서 강화도에서 유배 생활을 하던 중이었어요. 철종의 할아버지인 은언군은 신유박해 때 사약을 받고 세상을 떠났지요. 헌종에게 뒤를 이을 아들이 있었다면 철종은 평생 강화도에서 평범한 백성으로 살았을지도 몰라요. 실제로 철종은 자신이 왕족인 것도 모르고 있었어요. 날마다 나무를 해서 시장에 내다파는 걸로 생계를 잇고 있었어요.

헌종이 죽자 조정의 대신들은 자신들의 권력을 뒷받침해 줄 왕족을 찾느라 바빴어요. 그때 순원왕후는 강화도에서 숨어 사는 전계군(은언군의 아들)의 아들을 왕위에 앉힌 거예요. 그가 바로 철종이지요.

용흥궁은 '개천에서 용이 나왔다.'라는 말에서 비롯된 것이에요. 초가집에서 임금이 나왔으니 정말 그럴듯한 비유지요?

철종 초상

강화도 문화재 베스트 ❹ 고려궁지

강화도에는 고려의 궁터가 남아 있어요. 고려의 도읍은 개경(지금의 개성)이었지요. 그렇다면 궁도 당연히 개경에 있어야 맞잖아요. 그런데 왜 강화도에 고려의 궁터가 있는 것일까요? 고려 제23대 왕인 고종 임금은 몽골군이 침략하자 맞서 싸우기 위해서 강화도로 도읍을 옮겼어요. 몽골군이 물에 약했기 때문이지요. 그래서 강화도에 궁궐을 짓고 몽골군과 맞섰답니다. 하지만 끝내 강화도가 점령되었고, 이때 궁궐은 모두 불타 없어졌어요.

하지만 조선 시대에 오면서 옛 고려 궁터에 다시 궁이 세워졌어요. 인조 4년(1626)에 청

규장각도

나라가 쳐들어 왔을 때도 인조는 강화도로 피난을 왔어요. 또한 정조 5년(1781년) 때는 강화 읍성 안에 임금이 나들이 할 때 머물던 별궁인 행궁에 외규장각(조선 왕실의 중요한 책을 보관한 곳이에요)을 설치하기도 했지요.

하지만 병인양요 때 강화도에 프랑스군이 쳐들어왔고 프랑스군은 340종에 달하는 귀한 서적들을 훔쳐 갔어요. 그렇게 약탈당한 우리의 귀중한 문화유산은 아직도 반환되지 못한 채 프랑스에 있답니다.

고려 궁지

신식 군대는 쌀을 먹고
구식 군대는 모래를 먹는다

별기군이 생기면서 기존의 군대는 차별을 받기 시작했습니다. 심지어 밀린 봉급으로 나온 쌀에 모래가 섞여 나올 정도였지요. 기존 군인들의 분노는 봇물처럼 터지기 시작합니다.

쌀의 절반은 모래

"전하! 우리 조선도 하루 빨리 문호를 개방하여 서양 문물을 받아들여야 하옵니다."

"지금 러시아라는 나라가 새로이 조선을 위협하고 있습니다. 이를 막아 낼 유일한 방법은 발전한 서양의 문물과 제도를 받아들이는 일이옵니다."

강화도 조약이 체결된 뒤 고종이 보냈던 수신사 김기수, 김홍집이 돌아와서 이렇게 말했습니다.

그러자 고종 역시 점차 나라의 문호를 개방하고 서양 문물을 받아들여야 한다는 쪽으로 생각을 바꾸기 시작했습니다.

더구나 고종의 비였던 명성황후를 지지하는 대부분의 사

✓ 영선사

조선 조정이 청나라에 요청하여 파견한 사신단(1881~1882년)의 이름입니다. 영선사라는 이름은 통리기무아문에서 정한 것이지요. 그 대표를 김윤식에게 맡기고 조선 조정은 영선사 일행에 중국의 선진 군사 기술을 배워 오게 했습니다. 이들이 한양을 출발해 북경에 도착한 것은 1881년 11월 17일이었어요. 이들은 화약과 탄약의 제조법을 비롯하여 전기와 화학, 제련 기술 등을 습득했어요. 그러나 일부는 학습 능력이 떨어지고, 나중에는 체재비가 부족하여 귀국하였고, 마침내 상당수가 임오군란으로 인해 조기 귀국하였지요. 김윤식과 몇몇 학생들만 공부를 마치고 이듬해 귀국했답니다.

람들도 문호를 개방하자는 개화파(외세에 문호를 개방하고 발달한 문물을 받아들여야 한다고 주장한 사람들을 말해요. 뒷날 개화당이라고도 불렸어요)들이었습니다.

물론 위정척사파(절대로 서양에 문호를 개방해서는 안 된다고 주장한 사람들을 말해요. 뒷날 '수구당'이라고도 불렸어요)의 주장도 만만치 않았습니다. 그들은 곳곳에서 개화 반대 상소를 올렸지요. 하지만 명성황후는 이들의 상소를 묵살했습니다.

마침내 1880년(고종 17년) 12월, 고종은 빠르게 변화하는 국제 정세에 대처하기 위해 통리기무아문(청나라의 것을 본받은 기구로, 나라의 군사 기밀에 관한 일을 비롯해 일반 정치를 책임지던 곳이에요)을 설치했습니다.

또한 이듬해 정월에는 신사 유람단을 일본에 파견했고, 같은 해에는 영선사라는 이름의 사절단을 청나라에 보냈습니다. 이들의 목적은 발달된 나라의 군사 제도와 공업 시설 등을 둘러보고 오는 일이었습니다.

그리고 4월에는 새로운 군대를 만들었습니다. 아무래도 외적과 대항하려면 새로운 군대가 있어야 할 것 같았기 때문이었습니다.

고종 임금은 곧바로 훈련도감을 비롯해 어영청, 총융청, 금위영, 수어청 등 5군영에서 80명의 군사를 뽑아 신식 군대를 만들었습니다. 그리고 이 새 군대의 이름을 '별기군'이라고 했습니다.

그런데 여기서 갈등의 씨앗이 자라기 시작했습니다. 별기군이 구식 군대보다 훨씬 좋은 대우를 받은 것입니다. 게다가 군료(군인들이 받는 월급이에요)가 제때에 지급되지 않았지요. 구식 군대의 불만은 점점 쌓였습니다.

그해 6월의 어느 날 아침이었습니다. 군료를 지급해 주는 선혜청 도봉소 앞에 구식 군대에 소속된 군졸들이 속속 모여들고 있었습니다. 군졸들의 불평이 심해지자 한 달치 군료만이라도 주겠다는 조정의 포고(국가에서 정한 일을 일반 백성에게 알리는 일이에요)가 있었기 때문입니다.

"쳇! 이미 열세 달이나 봉급이 밀렸다고. 그걸 이제야 주겠단 말이야?"

"하는 수 없질 않나? 그것이라도 타야 가족들을 먹여 살릴 것 아닌가? 어서 가 보세."

구식 군대의 군인들은 저마다 불만을 터트리면서도 도봉소 앞으로 모여들었습니다.

그런데 쌀을 받아든 군인들은 놀라지 않을 수 없었습니다.

"뭐야, 쌀에 모래가 절반이나 섞였잖아?"

"여긴 모래 대신 겨가 섞여 있어. 그나마 쌀도 썩었다고!"

"도대체 이걸 어떻게 먹으라는 거야?"

지급된 쌀을 살펴본 군사들은 한두 마디씩 불만을 터트렸습니다.

바로 그때였습니다. 쌀을 나누어 주고 있던 창고지기가 한마디 쏘아붙였습니다. 창고지기는 다름 아닌 민겸호 대감 집의 하인이었습

◐ 별기군이 창설되기 직전의 군인 모습

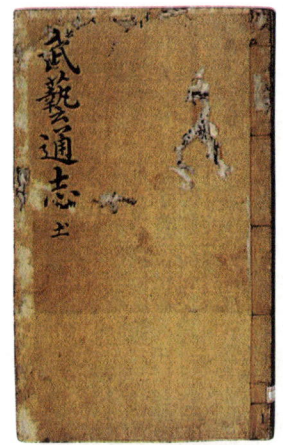
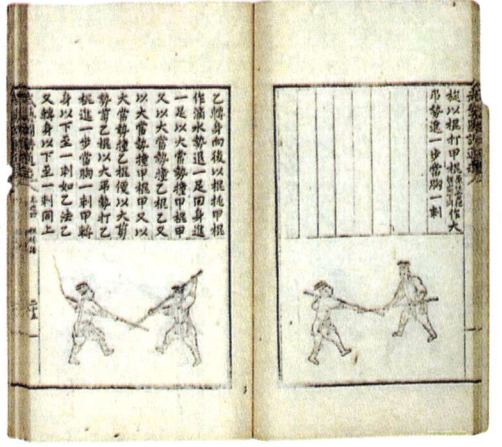

🔵 〈무예도보통지〉

✓ 〈무예도보통지〉

정조 때 편찬된 〈무예도보통지〉는 선조 때 한교가 편찬한 〈무예제보〉와 영조 때 〈무예신보〉의 내용을 합치고, 새로이 추가하여 완성한 4권 4책의 목판본입니다. 정조가 직접 편찬 방향을 잡고 이덕무, 박제가 등에게 명하여 작업하였습니다. 이 책은 다른 군사 서적들이 전략과 전술에 관해 다룬 데 비해 전투 동작 하나하나를 그림과 글로 설명한 실전 훈련서라는 특징이 있습니다.

니다.

"쌀을 받았으면 감사하게 생각하고 썩 사라질 일이지 왜 떠들고 난리야!"

그 말에 군인들은 화가 치밀어 올랐습니다.

"뭣이 어째? 이 나쁜 놈! 저놈을 죽여라!"

순식간의 일이었습니다. 그렇지 않아도 쌓인 불만을 참고 있던 구식 군대의 군인들은 울분을 터트렸습니다. 군인들은 창고지기를 때리고 발로 밟으며 도봉소를 아수라장으로 만들었습니다. 그런 뒤에야 군인들은 화를 가라앉히고 겨우 집으로 돌아갔습니다.

문제는 다음 날이었습니다. 전날의 일을 보고 받은 급료 지급 담당자 민겸호는 노발대발하며 주동자를 잡아내라고 다그쳤습니다. 결국 창고지기를 두들겨 패는 데 앞장섰던 김춘영과 유복만이라는 사람이 체포되었습니다.

그리고 그날 저녁 구식 군대의 군인들 사이에는 이상한 소문이 돌기 시작했습니다.

"이보게, 김춘영과 유복만이가 붙들려 가서 죽도록 맞았다고 하더구먼."

"맞았다뿐인가? 혹독한 고문을 받은 데다가 곧 사형당할 거라고 하던데."

"이러다가 우리마저 죽는 거 아닐까?"

구식 군대의 군인들은 소문을 듣고 불안에 떨었습니다.

곧 김춘영의 아버지 김장손과 유복만의 동생 유춘만은 구식 군대의 사람들을 모았습니다. 그리고 자신들의 직속 상관인 이경하를 찾아갔습니다.

그러나 이경하는 고개를 내저었습니다.

"나는 비록 그대들의 상관이기는 하나 군료의 지급 문제에는 관여할 수가 없소. 다만 내가 편지를 한 장 써 줄 테니 민겸호 대감을 직접 찾아가 보시오."

그러나 민겸호는 집에 없었습니다.

민겸호 대신 이전에 군료를 나누어 주며 욕을 하던 창고지기가 나와 앞길을 막았습니다.

이경하

조선 고종 때의 무신으로 금위대장과 형조 판서 등 무관의 주요직을 두루 지냈습니다. 흥선대원군의 신임을 받아 포도대장으로 있을 때 많은 가톨릭교도를 학살하기도 했습니다.

☑ **민겸호**

조선 고종 때의 문신으로 민씨 세력가 중 하나입니다. 형조·병조·이조·예조 판서 등을 지냈으며 신식 군대인 별기군을 창설했습니다. 1882년 임오군란이 일어나자 선혜청 당상에 올라 이를 강압적으로 진압시키려다가 살해되었습니다.

☑ **별기군**

1881년 5월, 신체가 건강한 청년 80명을 뽑아 무위영에 소속케 하고, 이들에게 일본인 교관을 데려다가 신식 훈련을 시켰는데, 이들을 '별기군'이라 불렀습니다. 교관은 일본 공사관 호리모토 레이조가 맡았지요. 하지만 당시 별기군에 대한 시선은 좋지 않았습니다. 좌의정 송근수조차도 상소를 올려, "조선의 장정들에게 일본의 무예를 익히게 하니, 이들을 '왜별기(倭別技)'라고 부르니 그 이름부터 해괴할 따름입니다. 무인의 자제와 유생들에게 윗도리를 벗어젖히게 하고 열을 지어 오랑캐 놈들에게 머리 숙여 경례를 하게 함으로 수치심을 품게 하니 이는 절대 허락할 수 없는 일입니다."라고 했을 정도이지요. 이후 별기군은 모화관에서 하도감(지금의 서울 사대부고 자리에 있었던 군사 훈련장)으로 옮겨 훈련을 했답니다.

더구나 그는 민겸호의 집 안으로 들어서는 군인들에게 기왓장을 집어던지며 행패를 부렸습니다.

"아악!"

명성황후를 찾아 죄를 물어라

일은 그때부터 커지기 시작했습니다. 하인이 던진 기왓장에 얼굴을 맞은 군인 하나가 피를 흘리며 쓰러지자 군인들은 또다시 분노하기 시작했습니다.

"부숴라! 저놈부터 때려 잡아라!"

군인들은 순식간에 민겸호의 집 안으로 밀고 들어갔습니다. 그리고 보이는 것은 무엇이든 깨고 부수었습니다. 민겸호의 집은 아수라장이 되고 말았습니다.

그러나 군인들의 행동은 거기서 그치지 않았습니다.

"어차피 큰일을 저질렀으니 죽은 목숨이나 다름없소. 그렇지만 그냥 앉아서 죽을 수는 없겠지."

"그래요. 흥선대원군을 찾아가 봅시다. 그래도 그분이 계실 때는 사람들이 우리를 잘 대해 주었지 않소."

"맞아요. 민씨 놈들이 일본 놈들을 등에 업고 달려들지만 않았어도 우리가 이런 대접을 받지는 않았을 겁니다. 어서

갑시다."

명성황후의 일부 친척들은 명성황후가 권력을 잡고 있음을 이용해 나라 살림을 제멋대로 빼돌렸습니다. 민겸호도 그중의 하나였습니다. 민겸호는 구식 군인들에게 주어야 할 쌀을 빼돌려 이익을 챙겼던 것입니다. 그러니 구식 군대의 군인들이 명성황후와 민씨 일가들을 미워하는 것은 어쩌면 당연한 일이었습니다.

민겸호의 집을 아수라장으로 만든 구식 군대의 군인들은 즉시 운현궁으로 몰려갔습니다.

"대원군 나리! 참을 수가 없어서 난리를 일으켰나이다. 저희들이 살 방도를 가르쳐 주옵소서."

"허허! 너무 서두르지 마시오. 화를 가라앉히고 문제를 차근차근 풀어 봅시다."

흥선대원군은 성난 군인들을 달래면서 한편으로는 유춘

> ✓ **명성황후**
>
> 조선 고종의 비. 민치록의 딸로 흥선대원군의 부인의 추천을 받아 왕비에 책봉됩니다. 그러나 흥선대원군의 쇄국 정책에 반대하여 정치적 영향력을 행사합니다.
> 임오군란과 갑신정변으로 몇 차례 죽을 뻔한 목숨을 구한 뒤, 러시아의 힘을 빌려 일본 세력을 몰아내려다가 일본 정부의 사주를 받은 주한 일본 공사 미우라 고로에 의해 피살됩니다. (☞80쪽)

◐ 복원해 놓은 명성황후의 생가 (경기도 여주)

○ 임오군란 때 인천으로 도망갔던 하나 부사와 일본 공사관 직원들

✔ **하나 부사**

고종 때 주한 일본 공사로 1882년 임오군란으로 군인들이 일본 공사관을 포위하자 인천으로 도망갑니다. 1883년 특명 전권공사로 러시아에 부임한 뒤 1887년 농상무차관·궁중고문관·제실회계심사국장·궁내차관 등을 지냅니다.

만과 김장손에게 이런저런 지시를 내렸습니다. 그리고 자신이 데리고 있던 심복 허욱에게 군복을 입히고 군인들을 지휘하게 하였습니다.

다음 날, 흥선대원군의 격려를 받은 구식 군대의 군인들은 무기고를 습격하여 총검으로 무장했습니다. 그런 뒤, 포도청을 습격하여 갇혀 있던 김춘영과 유복만을 구해 냈습니다.

일이 커지자 여기저기에서 불만을 품은 군인들이 계속 모였습니다. 군인들은 곧 두 무리로 나뉘었습니다. 한 무리는 경기도 감영으로 몰려가 무기고를 습격하고 무기를 빼앗았습니다. 그리고 일본 공사관까지 습격했습니다. 그로 인해 일본 공사인 하나 부사는 중요한 문서를 불태운 뒤, 즉시 도망쳐야 했습니다.

또 한 무리는 강화도를 다스리는 유수 민태호의 집을 습격하여 불태웠습니다. 그리고 별기군 훈련소를 습격해 일본인 교관과 조선어를 배우던 일본인 학생 3명을 살해했습니다.

뿐만 아니라 일본인 교관

○ 조선 시대 말의 무기고, 병기창

호리모토를 잡아 목을 베었습니다.

이들의 분노는 여기서 그치지 않았습니다. 군인들은 여러 벼슬아치들의 집들을 차례차례 파괴하고 불태웠습니다. 돈령부영사 흥인군 이최응의 집을 습격하여 그를 죽였고, 호순 민창식을 길바닥에서 때려 눕혀 살해했습니다.

일이 이 지경에까지 이르자 고종은 급히 흥선대원군을 불러들였습니다.

하지만 그 무렵, 성난 군인들은 이미 궁궐까지 포위하고 있었습니다.

다음 날 새벽, 군인들은 창덕궁과 돈화문을 공격해 성문을 열었습니다. 그리고 물밀듯이 안으로 몰려들어가 입궐

✔ **호리모토**

1880년 일본공사관부무관으로 한국에 부임했습니다. 1881년 군제 개혁으로 신식 군대인 별기군이 창설되자, 일본 공사 하나 부사의 추천으로 훈련 교관에 임명됩니다. 그러나 이듬해 임오군란 때, 일본 공사관을 공격한 군인들에 의해 살해됩니다.

해 있던 민겸호와 김보현 등을 끌어 내어 죽였습니다.

"역적의 무리들을 잡아 없앴다. 이제 명성황후를 찾아라. 백성의 피를 빨아먹은 명성황후를 찾아내 없애라!"

누군가의 외침이 있자 군인들은 저마다 눈에 불을 켜고 명성황후를 찾기 시작했습니다. 그런데 대체 명성황후는 어디로 갔는지 보이지 않았습니다.

이때 명성황후는 위험을 느끼고 재빨리 궁녀의 옷을 빼앗아 입고 변장하고 있었던 것입니다. 자칫 누군가가 자신의 얼굴을 알아보기라도 한다면 단칼에 목이 베일 상황이었기 때문입니다. 바로 그때였습니다.

마침 흥선대원군과 함께 궁궐로 입궐한 부대 부인(흥선대원군의 부인이에요) 민씨가 명성황후를 발견했습니다.

"자, 어서 이리 오시게."

부대 부인은 아무도 모르게 명성황후에게 다가가 말했습니다. 그러고는 명성황후의 손목을 이끌고 방금 전 자신이 타고 온 가마에 명성황후를 숨겨 주었습니다.

그런데 바로 그 순간, 군인 하나가 가마 가까이 다가오더니 변장한 명성황후를 끌어 냈습니다.

"너는 대체 누구냐?"

명성황후의 얼굴을 모르고 있던 군인이 물었습니다. 그러자 옆에 있던 무예별감 홍계훈이 재빨리 나섰습니다.

"간섭하지 마라. 이 여인은 내 누이동생인 홍상궁이다."

"알겠소."

명성황후는 홍계훈 덕분에 목숨을 건지고 대궐을 빠져 나갔습니다. 바로 그날 오후, 고종은 어명을 내렸습니다.

"오늘의 이 난리는 그 누구의 탓도 아니오. 첫째도 내 허물이오, 둘째도 내 허물이로다. 이후부터 나라의 크고 작은 모든 일을 대원군에게 맡기노라."

이에 흥선대원군은 군인들에게 해산하라고 명령했습니다.

> **명성황후의 죽음?**
>
> 임오군란을 수습하던 대원군은 일부 구식 군인들이 해산하지 않자, 명성황후가 서거했다고 발표했습니다. 그리고 강제로 국상(國喪)을 치루었지요. 하지만 이때 명성황후는 궁궐을 빠져나가 경기도 장호원의 민응식(충주 목사)의 집에 피신해 있었어요. 명성황후는 곧 개화파 관료인 김윤식 등을 청나라로 보내 도움을 청했고, 이어 마건충(육군)과 오장경(해군)이 군대를 이끌고 조선 땅을 밟았어요. 이때 오장경은 흥선대원군을 병영으로 초청하여, 그를 임오군란의 주동자라 몰아 납치하여 청나라로 데려갔답니다. 그리하여 명성황후를 중심으로 하는 민씨 정권이 다시 들어서게 되었답니다.

그러나 그들은 고개를 저었습니다.

"알겠사옵니다. 하지만 지금 당장은 아니 되옵니다. 명성황후를 찾아내 그 죄를 물을 때까지는 안 됩니다."

군인들로서는 그럴 수밖에 없었습니다. 명성황후가 살아서 언젠가 다시 권력을 쥐면 자신들의 목숨을 부지할 수 없기 때문입니다. 하는 수 없이 흥선대원군은 꾀를 내야 했습니다.

어느 날 흥선대원군은 이런 포고문을 발표했습니다.

"왕비께서는 오늘 정오에 이미 승하하셨다. 다만 그 시신만은 눈으로 확인하지 못하였으니 그리 알고 물러가라."

그런 뒤 흥선대원군은 억울하게 죄를 지은 사람들을 석방하고 명성황후를 따르던 신하들을 궁궐에서 몰아냈습니다.

뿐만 아니라 우리나라 최초의 근대적 행정 기구인 통리기

무아문을 없애고 군대의 체제를 다시 옛날로 되돌렸습니다.

그제야 군인들은 창과 칼을 놓고 집으로 돌아갔습니다.

그러나 그것이 끝은 아니었습니다. 군인들의 난리는 겨우 끝이 났지만 나라에 더 큰 먹구름이 밀려오고 있었습니다.

일본은 임오군란 때 죽거나 다친 일본 사람들에 대해 배상해야 한다며 터무니없는 요구를 해 오기 시작했습니다.

○ 명성황후 동상

- 조선은 마땅히 임오군란의 책임을 져야 한다. 따라서 문서로 우리 일본에 사죄해야 하며, 위자료를 지급해야 한다.
- 임오군란의 주동자를 체포하여 우리 일본인이 보는 곳에서 처형해야 할 것이며, 조사 결과 조선 정부의 책임이 중대할 경우에는 거제도 또는 울릉도를 우리 일본에 내주어야 할 것이다.
- 아울러 앞으로는 일본 공사관의 병력을 보호해 주어야 하며, 이어서 함흥, 대구, 양화진을 우리 일본인들

✓ **통리기무아문**

1880년 고종이 국가 외교와 군사 제도의 근대적 개혁을 위해 설치한 관청입니다. 이를 설치한 목적은 개항 후 새로운 정세 변화에 대처하기 위한 것으로, 1882년 통리내무아문과 통리아문으로 나뉘었습니다.

임오군란의 결과

임오군란으로 인해 청나라와 일본이 더욱 적극적으로 조선에 간섭하기 시작했어요. 청나라를 등에 업고 군란을 마무리 지은 민씨 정권은 자주성을 잃고 청나라에 더욱 의존해야 했지요. 청나라는 이후 더욱 세세하게 조선 조정의 일에 끼어들고 참견했답니다. 뿐만 아니라 일본에 대해서는 제물포조약에 따라 변상을 해주어야 했는데, 이로 인해 또한 조선의 자존심마저 잃어야 했어요. 청나라는 특히 조선땅에서 일본보다 우위를 점하기 위해 군대를 상주시키면서 조선의 군대를 제멋대로 훈련시켰고, 마건상과 묄렌도르프를 조정의 고문으로 파견하는 등 조선의 나랏일 하나하나까지 참견하려 했습니다. 훗날 이러한 일들은 일본이 지원하는 세력들이 갑신정변을 일으키는 계기가 되었답니다.

에게 개방해야 한다.
- 일본 공사 및 영사관 사람들이 대륙 여행을 자유롭게 할 수 있도록 보장해야 한다.

일본의 이런 요구를 들은 고종은 또다시 고민에 빠질 수밖에 없었습니다. 고종은 대신들을 불러 상의했습니다.

"대체 어찌하면 좋겠소? 이들의 요구를 들어주자니 나라의 체면이 말이 아니고 들어주지 않으려니 가만 있을 일본인들이 아니지 않소?"

"전하. 한꺼번에 그들의 요구를 다 들어줄 수는 없사옵니다. 그들이 요구하는 것 중에서 우선 몇 가지만 들어준다 하

시옵소서."

"음. 알겠소. 우선 그렇게 하겠소."

고종은 몇 가지 사항을 약속했습니다.

공치원

조선 말기의 군인으로 무위영에 속해 있던 구훈련도감의 군졸. 1882년 임오군란 때 선두에 서서 크게 활약하였으나 임오군란 이후 일본 공사관을 습격한 중심 인물로 지목되어 처형당했습니다.

- 20일 이내에 난리(임오군란)를 일으킨 자를 체포하여 중벌로 다스릴 것
- 피해 입은 일본인을 융숭한 예로 장사지내 줄 것
- 일본인 피해자 유족들에게 5만 원을 지급할 것
- 일본이 폭거로 입은 손해 배상금 50만 원을 5년 안에 갚는 것으로 하여 1년에 10만 원씩 청산할 것
- 조선은 대관을 특파하고 국서를 보내어 일본에 사죄할 것

이 조약이 바로 '제물포 조약'입니다. 결국 굴욕적인 이 조약을 맺음으로써 조선은 자존심에 큰 상처를 입고 말았습니다. 뿐만 아니라 임오군란에 참여했던 군인과 민간인 173명이 체포되었습니다. 그중 손순길, 공치원, 최봉규 등 11명은 잔인하게 처형되었습니다.

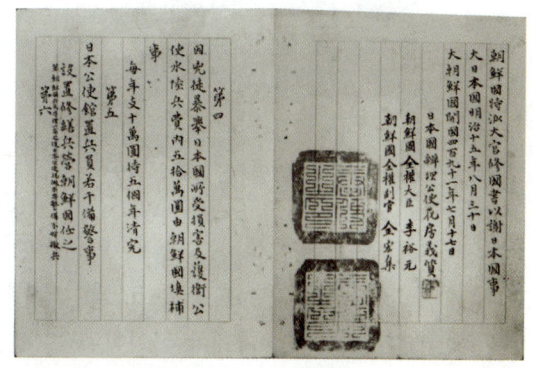
🔺 제물포조약서 사본

선생님과 역사 읽기 ••• 여러 가지 돈 이야기

최초의 화폐 조가비

옛날 사람들은 자신이 가지고 있지 못한 물건을 구할 때 어떤 방법으로 구했을까요? 한 사람이 필요한 모든 물건을 만들 수는 없겠지요. 예를 들어 어부는 물고기를 잡을 수는 있겠지만 벼농사까지 짓기는 어려웠을 거예요.

그래서 선택한 것이 자신이 가진 물건을 다른 사람과 직접 교환하는 방식이었어요. 물물교환이라고 하지요. 하지만 물물교환은 불편한 점이 많았어요. 필요한 물건을 누가 가지고 있는지 찾기도 어려웠고, 물건을 가지고 일일이 돌아다니는 것도 힘들었어요. 게다가 어떤 기준으로 교환을 해야 할지도 매번 고민이었지요. 그래서 사람들은 물건을 바꾸는 데 기준이 되는 물건을 찾기 시작했어요. 조가비, 쌀, 소금 등이 대표적이었지요. 예를 들어 쌀 한 가마니는 조가비 몇 개 하는 식으로 물건의 값을 매겼답니다. 조가비는 기원전 1,500년경에 화폐로 사용됐어요. 예쁘기도 했지만 단단하고 가벼워 사용하기에 편했기 때문이지요. 그래서 한자 가운데 돈과 관련된 글자에는 조개 패(貝)자가 들어 있는 것을 발견할 수 있답니다.

삼국 시대의 물품 화폐

최초의 금속 화폐로 알려진 중국의 도전

삼국 시대에는 물건을 교환할 때 기준이 되는 물건이 있었어요. 이런 물건을 물품 화폐라고 하지요. 쌀과 같은 곡류나 모시, 베 등이 그런 역할을 했어요. 세금을 낼 때에도 쌀이나 베를 냈지요. 쌀과 베가 화폐로 사용된 것은 그만큼 고대 사회에서 꼭 필요한 물건이었기 때문이에요.

하지만 그래서 생기는 문제들이 있었어요. 실생활에 쓰이는 화폐이다 보니 물건이 부족해질 위험이 있었던 거예요. 또 쌀이 화폐로 사용되다 보니 쌀에 흙을 섞어 양심을 속이는 사람도 생겼어요. 그래야 이익이 많이 생길 테니까요. 뿐만 아니에요. 나라에 흉년이라도 들면 문제는 더 심각했어요. 식량으로 사용할 쌀도 없는 처지에 쌀을 세금으로 내기가 힘들었던 거지요. 이런 문제를 해결하기 위해 등장한 것이 바로 금속 화폐랍니다.

최초의 화폐 건원중보

우리나라 최초의 화폐는 고려 시대 때 만들어졌어요. 고려는 상업과 농업을 활발하게 하기 위해 화폐를 만들었지요. 화폐의 이름은 '건원중보'예요. 동그란 원 안에 네모난 구멍이 있어요. 이 화폐는 중국 당나라의 화폐를 그대로 본떠서 만든 거예요. '건원'이라는 이름도 중국의 연호를 뜻해요. 중국의 것을 본떠서 만들었기 때문에 똑같은 이름을 지은 것이지요. 다만 우리나라의 건원중보는 뒷면에 '동국'이라는 글자가 새겨져 있답니다. '동쪽 나라' 즉 우리나라를 의미하는 것이지요.

996년, 철로 만들어진 건원중보는 화폐로서 활발하게 쓰이지는 못했어요. 사람들은 오랫동안 쌀과 베를 화폐로 이용하는 데 익숙했거든요. 그래서 금속으로 만든 건원중보를 화폐로 인정하지 않았답니다. 게다가 화폐를 사용할 만큼 상업이 발달하지 못했지요.

은병과 해동통보

고려 시대 대각국사 의천은 송나라에 다녀온 뒤로 임금님께 화폐를 만들자고 건의했어요. 의천은 송나라가 화폐를 통해 활발한 경제 활동을 하는 것을 보았거든요. 고려 숙종은 의천의 건의를 받아들여서 1079년에 주전도감을 설치하고 화폐를 만들었어요.

그렇게 만든 것이 바로 은병이었지요. 은으로 만들었으며, 우리나라 땅 모양을 본떠서 만들었어요. 입구가 넓다고 해서 '활구'라고도 불러요. 하지만 은병은 건원중보와 마찬가지로 널리 사용되지 못했답니다. 은병 하나의 값어치가 너무 커서 물건을 사고 거스름돈을 주기가 힘들었거든요. 은병 하나에 쌀 열다섯 석 정도의 가치가 있었어요. 그래서 고려에서는 은병보다 값이 작은 삼한통보, 해동통보, 해동중보 등을 만들었지요.

조정에서는 화폐를 널리 유통시키기 위해서 대신들의 월급을 해동통보로 지급했어요. 상점에서도 의무적으로 동전을 사용하도록 했지요. 하지만 백성들까지 널리 유통되지는 못했어요. 여전히 쌀과 베를 화폐로 사용하는 것이 더 익숙했기 때문이지요.

은병

전국적으로 유통된 화폐, 상평통보

상평통보

조선 숙종 4년(1678년)에 새로운 화폐가 만들어졌어요. 이전 화폐들과는 다르게 전국적으로 널리 유통되었고, 일반 백성들도 사용했어요. 이 화폐의 이름은 '상평통보'랍니다. 조선 시대가 끝날 때까지 꾸준하게 사용되었지요. 둥근 모양으로 가운데에는 정사각형의 구멍이 나 있어요. 앞면에는 '상평통보' 네 글자를 찍었고, 뒷면에는 동전을 만든 관청의 이름을 찍었지요.

상평통보를 가리켜서 '엽전'이라고도 해요. 이때 '엽'은 잎사귀를 뜻하지요. 상평통보를 만들 때 나뭇가지 모양의 틀에다가 쇳물을 붓고 이것이 굳으면 잎사귀를 떼듯이 하나씩 동전을 떼어 냈거든요. 그래서 엽전이라 불린 것이지요.

상평통보를 본격적으로 만들기 전에 시험적으로 몇 개 만들어 보았어요. 구리의 무게와 질 등을 측정하기 위해서지요. 이때 만들어진 동전을 '별전'이라고 해요. 다양하고 독특한 무늬를 새겨넣어 만든 별전은 왕실이나 높은 양반들의 기념품으로 보관되기도 했어요.

별전

미움 받은 화폐, 당백전

조선 고종 때의 일이에요. 고종을 대신해서 나라를 다스리던 흥선대원군은 임진왜란으로 불탄 경복궁을 다시 짓기로 결심했어요. 하지만 한 가지 중요한 문제가 있었답니다.

궁을 지으려면 많은 돈이 필요했지만, 당시 국가 재정 상태가 좋지 않았던 거예요. 그래서 흥선대원군은 '당백

당백전

전'이라는 화폐를 새롭게 만들었어요. 당백전은 높은 단위의 화폐였지요. 당백전 한 닢은 상평통보 백 닢에 해당하는 가치를 지녔어요.
홍선대원군은 많은 양의 당백전을 만들었답니다. 그러자 시중에 돈이 너무 많아지면서, 돈의 가치가 떨어졌지요. 그로 인해 물가가 엄청나게 상승했어요. 물건이 돈보다 중요해지면서, 물건 값이 높아진 거지요. 당백전 발행으로 조선의 경제가 혼란스러워졌어요. 결국 당백전은 몇 년 되지 않아서 사용이 금지됐지요. 그리고 당백전 발행으로 홍선대원군은 백성들의 원성을 샀어요.

당오전

최초의 서양식 화폐, 대동은전

개항 이후에 조선에는 많은 변화가 있었어요. 서양 문물이 조선에 들어왔고 외국 상인들의 출입도 많아졌지요. 그리고 근대적인 제도가 우리나라에 도입되기 시작했어요. 이런 변화의 손길은 화폐에도 미쳤답니다. 우리나라는 1883년, 경성 전환국을 설치하고 새로운 화폐인 '대동은전'을 발행했어요.
대동은전은 서양 상인들이 가지고 온 화폐를 본떠서 만들었지요. 지금까지 화폐와는 다르게 가운데 구멍을 뚫지 않은 근대적인 화폐 모양이었어요. 그렇지만 대동은전은 은으로 만든 화폐라서 가격이 비쌌지요. 게다가 당시

대동은전

에는 화폐를 만드는 기술과 경험이 부족해서 대동은전은 널리 사용되지 못했어요. 일본이 우리나라를 점령했을 때에는 조선 총독부의 감독 아래 조선은행에서 화폐 발행을 맡았지요. 해방 이후에 조선은행은 한국은행으로 이름을 바꾸고 지금까지 우리나라의 화폐 발행을 책임지고 있답니다.

아아, 삼일천하

김옥균은 조선도 서둘러 문호를 개방해야 한다고 생각했습니다.
김옥균은 개화사상을 가진 일본 사람들을 만나서 자주 이야기를 나눴으며 틈이 나는 대로 새로운 문물과 기술을 둘러보았습니다. 그리고 조선의 변화를 위해 큰 결심을 하였습니다.

강화도 조약을 맺은 뒤로 일본은 자신들의 세력을 키우기 위해 온갖 음모를 꾸몄습니다. 특히 고종을 설득해 별기군이라는 신식 군대를 만들게 한 뒤, 그 책임자를 일본 사람으로 임명케 했습니다. 또한 조선의 젊은 지식인들을 일본에 유학시켜 친일파를 만들어 내려고 노력했습니다.

그러나 청나라의 간섭도 만만치 않았습니다.

임오군란이 끝난 뒤, 가까스로 살아남은 명성황후는 청나라 군대를 조선에 끌어들였습니다. 흥선대원군을 이길 만한 힘이 필요했던 것이지요.

그러나 청나라 군대를 불러들인 것은 명성황후의 실수였습니다.

청나라를 불러들여라.

청나라는 명성황후를 보호한다는 핑계로 독일 사람 묄렌도르프를 보내 나랏일에 사사건건 참견하게 했습니다. 그리고 통리교섭통상사무아문과 통리군국사무아문이라는 기관을 만들어 외교와 군사에 관한 일까지 간섭했습니다.

이런 가운데 조선의 신하들은 개화당과 수구당으로 갈라져 서로를 헐뜯으며 싸우고 있었습니다.

바로 이 무렵, 개화당 사람 중에서도 누구보다 강력하게 개화를 추진한 사람이 있었는데, 바로 김옥균이었습니다.

"폐하, 조선이 여러 나라의 간섭에서 벗어나고 근대적인 나라가 되려면 서둘러 새로운 과학과 기술을 도입해야 합니다. 또한 조정의 오래된 제도와 관습을 고쳐 바로잡지 않으면 조선은 영원히 다른 나라에 뒤처지게 될 것입니다."

스물두 살이라는 이른 나이에 벼슬길에 오른 김옥균은 틈이 날 때마다 고종을 찾아가 이렇게 설득했습니다. 그리고 조선을 한번에 뜯어고치겠다는 생각을 가지고 충의계라는 비밀 조직도 만들었습니다. 또 개화 사상을 가진 사람들을 만나 자신의 주장을 펼쳐 나갔습니다.

김옥균은 이미 근대화에 성공

○ 김옥균

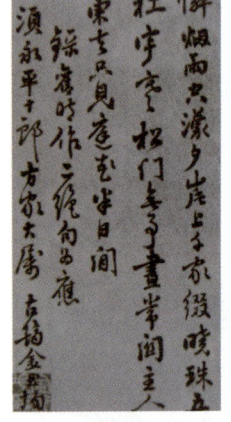

○ 김옥균의 글씨(부분)

✔ **김옥균**

조선 고종 때의 정치가. 근대화를 추구했던 급진 개화당의 지도자로 갑신정변을 주도하였으며 우리나라 개화 사상에 크게 영향을 주었습니다. 그러나 1894년 고종 31년에 중국 상하이에서 수구파였던 홍종우에게 살해됩니다. 저서에 〈기화근사〉, 〈치도약론〉, 〈갑신일록〉 등이 있습니다.

한 일본도 자주 다녀왔습니다. 그곳에 가서 조선소와 제련소를 비롯해 병기 공장 등을 돌아보았고, 개화 사상을 가진 일본 사람들을 만나 많은 이야기를 나누기도 했습니다. 그러면서 김옥균은 왜 일본이 일찍 근대화할 수 있었는지를 꼼꼼히 분석했습니다.

그러던 어느 날, 김옥균은 들뜬 마음으로 개화당 무리들을 불러 모아 말했습니다.

"동지들, 이제 옛것만을 지키려고 하는 수구당의 무리들을 몰아내고 조선을 대대적으로 개혁시킬 때가 왔소. 우정국 개설을 축하하는 피로연장에 수많은 수구당 일파들이 몰려올 것이오. 그 자리에서 수구당 일파를 없애고 조선을 변혁시킵시다. 다케조에 일본 공사가 우리를 도와준다고 하였소. 청나라 군대는 그들이 맡을 것이오."

그리고 그날이 곧 다가왔습니다.

1884년 12월 4일 저녁 6시. 피로연장에는 수구당의 우두머리인 민영익을 비롯해 이조연·서광범·민병석·윤치호 등이 모습을 드러냈습니다. 물론 그중에는 박영효와 김옥균도 섞여 있었습니다. 뿐만 아니라 미국 공사와 서기관, 영국 총영사의 모습도 보였습니다.

얼마의 시간이 지났을까? 갑자기 행사장 바깥에서, "불이야!" 하는 소리가 들렸습니다.

그것은 신호였습니다. 소리가 들리자 식장 안의 사람들이 웅성거리며 바깥으로 달려나가려 했습니다. 가장 먼저 민영익이 달려나갔습니다.

바로 그때였습니다.

'쉬익' 하는 소리와 함께 시퍼런 도끼날이 민영익을 향해 날아왔습니다. 김옥균이 숨겨둔 자객의 짓이었습니다. 그러나 민영익은 가까스로 도끼를 피하고 다시 안으로 피했습니다. 그것을 보고 김옥균은 재빨리 고종의 침전(임금이 잠을 자는 곳이에요)으로 내달렸습니다. 그리고 말했습니다.

"폐하, 난리가 났사옵니다. 서둘러 왕명으로 일본의 보호를 요청하십시오."

말하자면 공식적으로 일본군을 불러들이라는 것이었습니다.

고종은 그 자리에서 어명을 내려 일본 군대의 보호를 요청했습니다. 그러자 이미 궁궐 바깥에서 대기하고 있던 일본군 이백여 명이 서둘러 궁궐 안으로 들어왔습니다.

> **✓ 우정총국**
>
> 우정총국은 고종 21년 근대적 통신 제도를 도입하기 위해 설치된 한국 최초의 우편 행정 관서입니다. 조선 정부가 일본, 영국 등의 외국과 우편물 교환 협정을 체결하고, 근대적 우편 제도를 시작한 것이지요. 우정총국은 인천, 부산, 원산 등의 항구를 거치는 외국 서신과 국내의 우편 사무의 업무를 담당하는 기관으로 설치 될 예정이었습니다. 그러나 1884년 12월 4일, 우정총국 사무실의 개업 축하연에서 벌어진 갑신정변으로 20일 만에 폐쇄되었습니다.

🔽 우정총국

✅ **고종**

조선의 제26대 왕으로 안으로는 흥선대원군과 명성황후와의 세력 다툼으로, 밖으로는 구미 열강의 문호 개방 압력에 시달리며 정치를 펼쳤습니다. 1897년 국호와 연호를 각각 대한과 광무로 고치고 황제라고 칭하였습니다. 그러나, 1907년 헤이그 밀사 사건으로 강제로 퇴위되었습니다.

✅ **위안스카이**

임오군란이 일어나 청나라 군사들이 조선에 들어왔을 때, 조선에 부임했습니다. 그는 임오군란의 책임을 물어 흥선대원군을 청나라로 압송했으며, 갑신정변이 일어났을 때는 일본군과 맞서 개화파 수중에 있던 고종을 구출했습니다. 이후 청나라로 돌아갔다가 연금에서 풀린 흥선대원군과 함께 다시 조선으로 돌아왔고, 공적을 인정받아 총리교섭통상대신에 취임하여 한동안 한양에 머물렀습니다.

그런 뒤, 김옥균은 어명을 내세워 수구당 신하들이었던 이조연과 민영목, 조영하와 민태호를 불러 살해했습니다.

다음날, 서둘러 새 정부를 세웠음을 선포한 김옥균은 새로운 관리들의 명단도 발표했습니다. 또한 새로운 정책을 시행하겠노라고 백성에게 선포했습니다.

"문벌을 폐지하고 평등을 원칙으로 하여 유능한 사람을 관리로 임명할 것이며, 청나라에 잡혀 있는 흥선대원군을 돌아오게 하고 청나라에 바치던 조공을 없애도록 한다. 또한 세금 제도를 새롭게 바꾸어 관리의 부정부패를 막고 백성을 편안케 하며 부정부패한 관리는 즉시 처벌한다……."

이 외에도 김옥균은 모두 14가지의 정책을 약속했습니다.

그러나 김옥균의 이 정변은 사흘 만에 끝났습니다.

난리가 난 뒤 명성황후는 곧바로 청나라에 군사를 요청했습니다. 이때 위안스카이(원세개)가 군사들을 이끌고 궁궐로 달려왔는데, 김옥균을 돕기로 했던 일본군이 발을 빼는 바람에 모든 것이 수포로 돌아간 것입니다.

김옥균은 서재필 등과 함께 인천으로 달아나 일본으로 향했습니다.

고종과 함께 남았던 홍영식과 박영교는 처참하게 살해당했고, 홍영식의 아버지 홍순목은 손자들과 함께 자살했습니다.

조정에서는 김옥균이 달아나자 그의 양아버지를 붙잡아 왔습니다. 김옥균의 양아버지는 73세의 노인이었는데도 끌려와 사약을 받았습니다. 김옥균의 아내는 겨우 도망쳐 옥천에서 주막집을 하며 살아남았는데, 이후에 붙잡혀 큰 화를 당했습니다.

그로부터 10년 뒤, 김옥균도 민영익이 보낸 자객에 의해 살해되었습니다.

이후 조선은 더욱더 외세, 특히 청나라의 정치 간섭을 받기 시작했고, 이런 일들이 얽혀 더 엄청난 사건에 휘말렸습니다.

◐ 고종 황제

아아, 삼일천하

최초의 근대식 학교는 어떤 학교인가요?

19세기 말, 우리에게도 새로운 교육이 필요하다는 목소리가 커졌어요. 그런 움직임 아래 처음으로 세워진 학교가 원산 학사랍니다. 우리나라 최초의 근대식 학교예요. 함경남도 원산에 세워졌기 때문에 원산 학사라고 불렸고요. 1883년에 설립됐어요. 원산은 1880년에 개항을 한 곳이에요. 외국인과 접촉이 잦다 보니 새로운 교육에 대한 필요성을 일찍 깨달았어요. 원산에 살고 있는 주민들은 스스로 기금을 모아서 학교를 설립했지요. 외국 자본이 아니라 주민들 스스로 성금을 모아서 세운 학교였어요. 정부에서는 외국인과의 교류가 활발해지자 외국어 교육을 위해 동문학(1883년)과 육영공원(1886)을 설립했어요. 외국인 선교사들을 초청해서 직접 교육을 하게 했지요.

◐ 1890년대에 신식 수업을 받는 여학생들의 모습

우리나라에 신식 학교를 세우기 시작한 것은 미국 선교사들이었어요. 선교사들의 학교 설립은 기독교 차원에서 이루어졌고, 정부도 새로운 문물을 받아들인다는 차원에서 적극적으로 지원했답니다.

이화 학당은 선교사가 설립한 대표적인 학교예요. 특이한 점은 여성들을 위해서 세워졌다는

◐ 이화 학당

점이지요. 당시는 여성들이 교육을 받는 것을 부정적으로 생각하고 있었어요. 그런데 이화 학당이 설립되면서 여성들의 교육이 본격화 되었답니다.
이후 1910년까지 무려 3천여 개에 이르는 사립학교가 세워졌답니다.

우리나라 최초의 서양식 병원은 무엇인가요?

○ 조선 시대 최초의 근대식 국립 병원인 제중원과 그 앞에서 치료를 기다리는 환자들

1885년에 서울에 서양식 병원이 들어섰어요. 고종으로부터 허락을 받고 설립된 병원이지요. 병원의 이름은 바로 광혜원이랍니다. 광혜원을 맡은 의사는 '알렌'이라는 사람이에요. 알렌은 미국 사람으로 의료 선교 활동을 하기 위해 조선에 들어와 있었어요. 알렌은 고종과 명성 황후의 총애를 받은 의원이에요. 여기에는 그럴만한 이유가 있었어요. 민영익이 갑신정변 때 칼을 맞고 큰 부상을 입었을 때 생명을 살려 준 사람이 바로 알렌이었거든요. 고종은 이 일을 계기로 알렌을 신임하였어요. 그래서 왕실의 의사로 임명하는 것은 물론이고 병원까지 설립하게끔 지원해 주었답니다. 광혜원이라는 이름도 고종이 지어 준 것이에요. 광혜원은 홍영식의 저택을 개조해서 만들었어요.

광혜원은 나중에 이름을 제중원이라고 고쳤지요. 시간이 흐를수록 제중원을 찾는 환자 수가 무척 많았어요. 그런데 여자 환자의 경우에는 남자 의사에게 치료를 받는 것을 무척 부끄러워했어요. 그래서 따로 부인과를 만들고 여의사도 두었지요.

조정에서는 제중원을 시작으로 해서 전국에 근대식 병원을 여러 곳 세웠어요. 또 우리나라에서도 서양 의학을 공부할 의사를 키우기 위해 대한 의원을 만들었지요. 종두법을 연구한 지석영 선생님이 이 병원의 책임자로 있었어요.

○ 지석영

외세를 몰아내고 조선을 되찾자

전라도 고부 지방에 새로운 군수가 도착했지만 오직 재물만 탐하던
군수 때문에 백성들의 생활은 날로 어려워졌습니다.
군수의 횡포를 더 이상 참을 수 없었던 농민들은 전봉준을 앞세워 봉기를 일으킵니다.

1892년, 전라도 고부 지방에 새로운 군수가 부임했습니다. 이름은 조병갑이었는데 지독한 탐관오리였습니다. 그는 온갖 핑계 거리를 만들어 백성들로부터 세금을 뜯어냈습니다. 가령 효도를 하지 않았다며 그 죄를 물어 세금을 내게 했고, 친구와 사이가 좋지 않다는 이유를 들어 두세 배 이상의 세금을 거두었습니다. 심지어 제 아비의 묘비를 세운다며 백성들에게 세금을 내라고 윽박질렀습니다.

이러한 조병갑의 횡포는 날이 갈수록 더해 갔습니다. 그는 어느 날 사람들을 모아 놓고 이렇게 소리쳤습니다.

"가뭄에 대비하여 저수지를 파겠노라. 여기에 참여한 사람은 앞으로 이 저수지의 물을 쓸 때 세금을 받지 않겠으니 모든 농민들은 나와서 일을 도우라!"

그러나 정작 저수지(완공된 다음 '만석보'라고 불렀어요)가 완공되자 조병갑은 약속과는 달리 세금을 받아 챙겼습니다.

농민들은 더 이상 조병갑의 횡포를 참을 수가 없었습니다. 누구든 나서서 조병갑에게 항의해야 한다고 쑤군댔습니다. 농민들은 자신들을 이끌어 줄 지도자가 필요하다고 생각하고 전봉준을 찾아갔습니다. 이때 전봉준은 전국적으로 퍼져 있던 동학의 접주(한 지역의 책임자와 같은 위치에 있는 사람을 말해요)였습니다. 전봉준은 자신을 찾아온 농민들과 함께 고부의 관아로 쳐들어가기로 하고 날짜를 1월 10일로 잡았습니다.

1894년 1월 10일 새벽, 여기저기서 무려 1천 명이 넘는 농민들이 모였습니다. 다 같이 머리에 흰 수건을 두르고 손에는 댓 자쯤 되는 대나무 창을 들었습니다. 전봉준은 이들을 이끌고 고부 관아로 진격했습니다.

"탐관오리 조병갑을 쳐부수자!"

성난 농민들은 순식간에 관아를 습격해 관리들을 잡아 옥에 가두었고 억울하게 잡혔던 농민들을 풀어 주었습니다. 또한 조병갑이 농민들에게서 강제로 빼앗은 곡식을 주인에게 돌려주고, 만석보를 허물었습니다.

그러자 조정에서는 군수 조병갑의 벼슬을 빼앗고 장흥의 부사 이용태를 안핵사(지방에서 사건이 일어났을 때 조사를 하기 위해 임시로 보내는 사람)로 임명하여 고부로 내려 보냈

◐ 만석보 자리와 유지비

✓ 고부 민란

1894년 고부 지역 동학 접주였던 전봉준이 고부 군수 조병갑의 횡포를 견디다 못해 농민들과 함께 일으킨 난입니다. 이것은 동학 농민 운동의 시초로 전라 감영으로 달아난 조병갑이 붙잡히고 새로운 고부 군수 박원명의 수습으로 일단락됩니다.

습니다. 또한 새 군수로는 박원명을 임명했습니다.

"앞으로는 이런 일이 없을 게요. 내가 약속하겠소. 그러니 각자 집으로 돌아가시오."

먼저 고부에 도착한 박원명은 전봉준에게 간곡히 부탁했습니다. 전봉준은 일단 박원명을 믿어 보기로 했습니다. 농민들은 곧 집으로 돌아갔습니다. 그러나 뒤늦게 고부에 도착한 안핵사 이용태는 조병갑과 다를 게 없었습니다.

"반란의 책임은 농민들에게 있다. 이 일을 주도한 사람을 체포하여 벌을 내리겠노라."

포고령을 내린 이용태는 농민들을 마구 잡아들였습니다. 심지어 아무런 죄도 없는 농민까지 잡아다 옥에 가두었습니다.

농민들은 다시 전봉준을 찾아갔습니다.

"접주님, 아무래도 안되겠소. 이용태라는 자도 조병갑이란 자와 다를 게 없는 놈이잖습니까? 오히려 더 하면 더했지 덜한 인간은 아니오. 이용태도 처단해야 합니다."

전봉준은 다시 죽창을 들고 일어났습니다. 3월 21일이었습니다. 이번에는 고부뿐만이 아니라 태인과 그 주변의 여러 지역에서도 동학 교도와 농민들이 수천 명 모여들었습니다.

일단 전봉준은 동학 농민군을 세 개의 부대로 나누었습니다. 그 부대들은 책임자의 이름에 따라 손화중포, 김개남포, 김덕명포로 불렸습니다.

전봉준은 또한 동학 농민군의 행동 지침도 마련했습니다.

> **이용태**
> 고부에서 민란이 일어났을 때, 안핵사로 임명되어 고부 민란을 조사한다는 명목으로 죄없는 농민들을 함부로 체포하고, 재산을 약탈했던 인물입니다. 또 한일 병합 때 앞에 나서서 일본을 도와 일본 정부의 남작 작위도 받았습니다.

함부로 사람과 짐승을 죽이지 말며, 충효를 다하고 세상을 안정시켜 백성을 편하게 할 것이며, 왜인을 몰아내고 참된 도리를 세울 것이며, 군사를 몰아 한양으로 가서 썩어 빠진 벼슬아치들을 모두 쳐 없앨 것이다!

동학 농민 운동

전라도 고부의 동학 접주 전봉준을 중심으로 동학도와 농민들이 합세하여 일으킨 농민 운동입니다. 고부 군수 조병갑의 착취와 횡포에 항의하기 위해 시작하여 한때는 관군을 무찌르고 전국을 휩쓸었으나, 결국 청나라와 일본의 개입으로 끝이 났습니다. 그러나 동학 농민 운동은 뒤에 항일 의병 투쟁과 3·1 운동으로 계승되었습니다.

곧 싸움이 시작되었습니다.

4월 4일, 동학 농민군은 금구와 부안의 관아를 습격했습니다. 동학 농민군은 이곳의 현감을 잡아 옥에 가두고 전주에서 출동한 관군과 황토현에서 맞붙어 통쾌히 승리를 거두었습니다.

이어 4월 27일, 전봉준의 동학 농민군은 전주성을 점령했습니다. 나라에서 출동한 관군이 막았지만 관군의 힘은 보잘것 없었습니다. 훈련도 안 된 오합지졸인 데다가 동학 농민군이 무서워 탈영하는 병사들이 많았습니다. 이런 사실이 조정에 알려지자 조정에서는 급하게 청나라에 지원군을 요청했습니다. 명성황후가 한 일이었습니다.

이윽고 청나라 군대가 조선으로 진격했습니다. 이에 질세라 일본군도 곧바로 조선 땅을 밟았습니다. 고종은 두 나라 군대에게 돌아가라고 항의했지만 그들은 물러나지 않았습니다. 오히려 새로운 무기를 들고 동학 농민군을 향해 총을 겨누었습니다.

이 소식을 들은 전봉준은 크게 낙담하였습니다.

"아무래도 해산해야 할 것 같소. 동학 농민군은 모두 집으로 돌아가시오."

전봉준은 동학 농민군을 향해 외쳤습니다. 동학 농민군이

움직이는 한 외국의 군대는 온갖 핑계를 대며 물러가지 않을 것이기 때문이었습니다.

결국 동학 농민군은 전주성을 점령한 지 열흘 만인 5월 7일에 전주성 문을 스스로 열고 나와 각자의 고향으로 돌아갔습니다.

그러나 동학 농민군이 해산하면 돌아갈 줄 알았던 일본군은 물러나지 않았습니다. 오히려 청나라와 전쟁을 벌여 승리한 뒤, 더욱 노골적으로 조선의 나랏일에 참견하기 시작했습니다.

전봉준은 이것을 보고 다시 동학 농민군이 일어나야 한다고 생각했습니다. 더구나 사람들 사이에서는 이런 노래가 입에서 입으로 퍼졌습니다.

> **새야 새야 파랑새야**
>
> 이 노래가 어떻게 해서 만들어졌는지에 대해서는 확실하게 밝혀지지 않았지만, 동학 농민 운동 때에 만들어 진 것으로 추측되고 있습니다. 가사에는 당시 일본군의 푸른색 군복을 상징하는 파랑새와 전봉준의 별명인 녹두 장군이 나와 있어 그러한 추측을 가능하게 합니다. 이 노래는 아이들 사이에서 널리 불려진 동요지만 당시 시대적 배경으로 볼 때 아이들의 입을 빌린 어른들의 동요라고 볼 수 있습니다.

……

새야 새야 파랑새야

전주 고부 녹두새야

어서 바삐 달아나라

댓잎 솔잎 푸르다고

봄철일 줄 알지 마라

백설이 휘날리면

먹을 것이 없어진다

◐ 동학 농민군의 우금치 전투 모형(독립기념관)

✓ **손병희**

독립 운동가이자 천도교 지도자. 1906년 동학을 천도교로 개칭하고 천도교 제3대 교주를 지냈습니다. 출판사 〈보성사〉를 창립하고, 보성·동덕 등의 학교를 인수하여 교육과 문화사업에도 힘썼습니다. 민족 대표 33인의 한 사람으로 3·1 운동을 하다가 체포되었으며, 이듬해 10월 병이 심해져 출감하여 치료를 받다가 사망했습니다.

전봉준에게 그 노래는 새롭게 의지를 다지고 서둘러 일어나라는 의미로 들렸습니다.

1894년 10월, 동학 농민군은 삼례에서 다시 집결했습니다. 그리고 동시에 북쪽 지방에서 일어난 손병희의 농민군과 합세하였습니다.

"왜놈들을 이 땅에서 몰아내고 조선을 되찾자!"

동학 농민군의 기세는 드높았습니다. 동학 농민군은 가는 곳곳마다 탐관오리를 내몰고 한양을 향해 진격했습니다. 공주에서 관군과 싸워 크게 이긴 동학 농민군은 그 여세를 몰아 11월에는 논산을 완전히 점령했습니다. 이때 북쪽 손병희의 농민군은 함경남도 지방과 평안남도 지방을 손에 넣으며 승승장구했습니다. 다급해진 것은 일본군이었습니다.

일본군은 동학 농민군이 공주를 점령하고 점점 한양에 가까이 다가가자 급히 공주 쪽으로 군대를 출동시켰습니다. 동학 농민군과 일본군이 마주친 곳은 공주의 우금치 고개였습니다. 일본군은 최신 화포와 무기를 앞세워 틈을 주지 않고 공격했습니다. 동학 농민군이 가진 무기는 오래된 무기와 죽창이 전부였습니다. 그러나 그들은 나라를 지키겠다는 신념에 불타고 있었습니다. 하루, 이틀…… 싸움은 무려 일주일이나 계속되었습니다. 동학 농민군은 낡고 오래된 무기로 악착같이 일본군의 공격을 막아 냈습니다.

그러나 열악한 무기로는 분명히 한계가 있었습니다. 시간이 지날수록 동학 농민군은 불리해졌습니다.

✔ 전봉준

동학 농민 운동의 지도자이며 별명은 녹두 장군입니다. 아버지가 민란의 주모자로 처형된 뒤 사회 개혁에 대한 뜻을 품기 시작합니다. 1892년 조병갑을 비롯해 부패한 관리들을 처단하고 조선을 개혁하기 위해 동학 농민 운동을 일으킵니다. 그러나 일본군에게 패하여 순창에 피신해 있다가 붙잡혀 1895년 3월에 처형되었습니다.

◐ 전봉준 생가

동학 농민군은 끝내 싸움에 졌고 후퇴하지 않을 수 없었습니다. 전봉준은 곧 순창으로 돌아와 흩어진 동학 농민군을 다시 모아 반격의 기회를 노렸습니다.

이때 조정에서는 전봉준의 목에 현상금을 걸고 전봉준을 체포하기 위해 혈안이 되어 있었습니다.

일본 세력에 맞서 나라를 지키기도 하였으나 탐관오리를 처단하는 등 나라에서 해야 할 일들에 그들이 나서면 나라의 질서와 체계가 무너진다고 생각했기 때문이었습니다.

결국 1894년 12월 2일 전봉준은 현상금을 노린 배신자들에 의해 붙잡히고 말았습니다. 그로부터 3개월 뒤인 1895년 3월에 전봉준은 사형을 당하였습니다. 동학 농민군의 전투는 그토록 아쉽게 끝났습니다.

◐ 전봉준의 묘

동학이란?

동학은 토속 신앙을 바탕으로 하면서 그 위에 유교, 불교, 도교, 천주교 4교를 통합한 종교입니다. 교주는 최제우였지요. 동학은 신분 제도의 철폐, 인간 평등주의 실천, 나라일을 돕고 백성을 편안하게 한다는 보국안민과 포악한 것을 물리치고 백성을 구원한다는 제폭구민, 사람이 곧 하느님이며 만물이 모두 하느님이라는 뜻의 인내천 등의 사상과 사회 개혁 운동을 구호로 내걸었습니다. 동학의 구호는 당시 사회의 정치·경제 불안, 즉 돈을 받고 벼슬을 주는 일이나, 제멋대로인 세금 제도, 경제 악화에 따른 어려운 농민 생활, 관리들의 횡포에 찌들어 있던 농민의 요구와 잘 부합되었기 때문에 날이 갈수록 많은 사람들이 동학을 믿었습니다.

동학은 꼭 지켜야 할 덕목으로 다음과 같은 것을 꼽았습니다.

첫째, 집안의 모든 사람을 한울님같이 공경하라. 며느리를 사랑하라. 노예를 자식같이 사랑하라. 동물을 학대하지 마라. 만일 그렇지 못하면 한울님이 노하실 것이다.

둘째, 하루 세 끼의 식사 때 한울님께 마음으로 고하라. 청결한 물을 길어 음식을 청결하게 하라.

셋째, 묵은 밥을 새 밥에 섞지 마라. 흐린 물을 함부로 버리지 마라. 가래침이나 콧물을 아무 데나 토하지 마라. 만일 길이거든 반드시 묻어라. 그렇게 하면 한울님이 감응하실 것이다.

넷째, 모든 사람을 한울님으로 인정하라. 손님이 오거든 한울님이 오셨다 하라. 어린이를 때리지 마라. 이는 한울님을 치는 것이다.

다섯째, 잉태하면 몸을 더욱 조심하고, 아무것이나 함부로 먹지 마라. 태아를 위하여 모든 일에 조심하라.

여섯째, 다른 사람을 시비하지 마라. 이는 한울님을 시비하는 것이다. 무엇이건 탐내지 마라. 다만 근면해야 할 것이다.

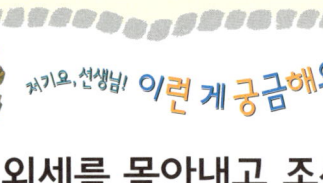

외세를 몰아내고 조선을 되찾자

 **갑오개혁, 그후…**

○ 개혁 직후 바뀐 순경의 복장

나라가 사회·경제적으로 불안한 상황에서 농민들의 생활은 갈수록 어려워졌어요. 참다못한 농민들은 전국 각지에서 반란을 일으켰지요. 바로 동학 농민 운동이에요.

그러자 조정에서는 농민들의 반란을 수습할 만한 대책이 필요했어요. 기존의 제도로는 나라를 이끌기가 어렵다는 것을 깨달은 것이지요.

하지만 우리 스스로 개혁을 시도하기 전에 일본이 간섭하기 시작했어요. 당시 일본은 동학 농민 운동을 진압한다는 구실로 우리나라에 들어와 있었지요. 일본은 동학 농민 운동이 수습된 뒤에도 여전히 우리나라에 머물렀어요. 그리고 자신들의 입맛에 맞게 조선의 개혁을 주도하려고 했지요. 애초에 일본은 청나라에 함께 조선의 내정 개혁을 실시하자고 제의했지요. 하지만 청나라는 이 제의를 거절했어요. 그러자 일본은 단독으로 조선의 개혁을 실시하고자 마음을 굳힌 거예요.

1894년 개혁안이 만들어지고 그것을 시행할 기구가 세워졌어요. 김홍집이 총리대신을 맡은 군국기무처랍니다. 국가의 전반적인 일을 맡았기 때문에 그 권력이 왕이나 조정보다도 컸지요. 군국기무처에서 김홍집 등이 추진한 개혁을 갑오개혁이라고 해요.

개혁의 추진 속도는 엄청나게 빨랐어요. 200여 건에 달하는 개혁안들이 짧은 시간 안에 시행되었지요. 오늘날 국회를 보면 한 가지 법안을 통과시키는 데만 해도 몇 달이 걸리는데 말이에요. 너무 서두르다 보니 제대로 실천되지 않은 것도 많았어요. 하지만 개혁안은 당시의 시각으로 봤을 때 무척 획기적인 것이었지요. 조선 전반에 걸쳐서 큰 변화를 가지고 왔어요. 대표적인 것을 살펴볼까요?

첫째, 과거 제도가 사라졌어요. 조정에서 시행했던 과거 시험을 없앴어요. 평생 과거 시험만 보고 공부한 선비들에게는 무척 아쉬운 일이었겠지요. 과거를 보는 대신 적합한 인재를 추천받아서 그들을 대상으로 시험을 치렀어요. 시험 과목도 시대에 맞게 변화했지요. 한문, 국문, 산술, 내국경략, 외국경략 등이 주요 과목이었어요. 그리고 문반과 무반을 차별하는 것도 금지했답니다.

둘째, 신분 차별이 없어졌어요. 양반과 상민의 높고 낮음이 없어진 거예요. 양반이라고 해서 상민을 함부로 대할 수 없었고, 상민들 가운데서 능력이 있는 사람은 양반보다 높은 대접을 받을 수 있게 됐어요. 하지만 오랜 세월 지속돼 온 신분 차별이 하루아침에 사라지기는 어려웠겠지요? 법적으로야 신분 차별이 금지됐지만 신분에 따른 차별이 계속 존재했답니다.

셋째, 과부가 다시 시집을 갈 수 있게 됐어요. 원래 남편을 잃은 부인은 조선의 유교 예법에 따라 평생 혼자서 살아야 했지요. 남자들은 부인이 죽더라도 새롭게 부인을 맞이했는데 말이에요. 이건 정말 남녀차별이지요? 그런데 갑오개혁 뒤에는 과부가 다시 혼인을 하는 것을 허용했답니다.

넷째, 연좌제의 공포로부터 벗어났어요. 연좌제는 가족 중 누군가가 범죄를 저질렀을 때 그 가족 모두가 처벌 받는 것을 말해요. 만약 역모를 꾀한 사람이 있다면 가족들은 노비가 되거나 삼대에 걸쳐서 끔찍한 형벌을 받아야 했어요.

○ 갑오개혁 전의 재판 광경

다섯째, 돈으로 세금을 내야 했어요. 조선 시대에는 세금을 쌀이나 베 같은 물건으로 낼 수 있었어요. 당시에도 화폐가 있었지만 현물로 세금을 내는 것도 인정해 줬지요. 하지만 개혁 추진 이후에는 화폐로만 세금을 받기로 했어요.

여섯째, 국가 재정을 왕실 재정과 정부 재정으로 분리했어요. 이제 왕실에서는 함부로 세금을 사용할 수 없게 됐어요. 정부 조직은 서구식으로 개편되어서 왕실 업무가 의정부와 분리되었어요. 의정부 아래에는 내무·외무·탁지·군무·법무·학무·공무·농상무의 8개의 아문으로 개편했지요. 이전에는 이·호·예·병·형·공의 6조로 이루어져 있었어요. 각 아문의 대표를 부르는 호칭도 판서·참판에서 대신·협판으로 바뀌었어요.

일곱째, 독자적인 연호를 사용했어요. 지금까지는 청의 연호를 사용했는데, 이 개혁을 통해 조선 건국을 기준으로 하는 독자적인 연호를 사용했어요. 일본이 이것을 주도한 이유는 우리나라와 청의 관계를 끊어 내기 위해서였답니다.

갑오개혁은 지금까지 낡은 제도를 버리고 근대적인 개혁을 추진했다는 점에서 무척 의미 있어요. 하지만 혁명을 일으켰던 농민들의 요구가 모두 반영된 것은 아니었어요. 단순히 농민들을 달래기 위한 대책에 불과했던 거지요. 게다가 갑오개혁은 일본의 개입 아래 이루어졌기 때문에 일본의 침략 의도가 담겨 있었지요. 자신들과 유사한 체제를 만든 뒤 침략을 쉽게 하려는 꿍꿍이가 있었던 거예요. 독자적인 연호를 사용하게 한 것도 청의 간섭을 막기 위한 것이고, 왕실과 행정 업무를 분리시킨 것도 명성황후의 개입을 막기 위한 것이었어요. 그러나 모든 개혁이 일본의 뜻대로 이루어지지 않자 일본군은 경복궁을 점령했지요. 그리고 명성황후 세력을 몰아낸 뒤에 개화파 정권을 세우고 자신들의 뜻대로 개혁을 추진했어요.

○ 조선을 두고 이권 경쟁을 벌이는 3개국(일본·청·러시아)의 모습을 풍자한 그림(일본 소장)

일본의 명성황후 시해사건(을미사변)

갑신정변과 갑오경장, 그리고 동학 농민 운동을 거치면서 조선 땅에 주둔하던 일본군은 마침내 청나라에 선전포고를 하고 공격을 개시했습니다. 청일전쟁이 일어난 거예요.(1894년) 그런데 뜻밖에 일본군은 이 전쟁에서 3달 만에 승리했습니다. 그러더니 더욱 적극적으로 조선의 조정에 간섭하기 시작했습니다. 이를 보다 못한 동학 농민군이 다시 모여 일본군에 맞서 싸웠지요. 하지만 농민군 역시 일본군의 막강한 화력에 무릎을 꿇고 말았답니다.

그런데 얼마 지나지 않아 일본이 청나라와의 전쟁에서 이긴 대가로 받은 요동반도를 다시 청나라에 돌려주는 일이 생겼습니다. 러시아와 독일 프랑스의 삼국 동맹국이 일본에 압박을 가했기 때문이지요. 주변 정세를 유심히 살펴보던 조선 조정은 바로 이때를 노려 일본의 간섭에서 벗어나려고 했습니다.

우선 조정은 러시아 공사 K.베베르와 손을 잡고 친일파 대신들을 벼슬자리에서 쫓아내고 친러파 대신인 이완용 이범진 등을 기용했습니다. 뿐만 아니라 일본인 교관이 훈련시킨 군대(2개 대대)도 해산시키려고 했지요.

일본은 이러한 조선 조정의 태도에 위기감을 느끼고 그 핵심 세력인 명성황후를 시해할 계획

◐ 명성황후 순국숭모비(경복궁)

◐ 명성황후 장례식

을 세웠습니다. 이 계획에는 미우라 공사를 비롯해 일본 군수비대, 일본인 거류지 경찰관, 또한 친일파 조선인까지 참여했지요.

이윽고 1895년 10월 8일 새벽, 일본인 자객들은 궁궐로 들이닥쳐 궁내부 대신 이경직과 홍계훈을 차례로 살해한 뒤, 명성황후의 침전으로 난입해 황후를 잔인하게 시해했습니다. 뿐만 아니라 그 시신에 석유를 뿌려 불사르는 짓까지 서슴지 않았습니다. 그런 뒤에는 고종을 협박해 명성황후를 서인으로 강등시켰습니다. 그리고 재빠르게 김홍집과 유길준 등 친일파 세력을 중심으로 하는 새 내각을 발표했습니다.

하지만 이 사건은 주변의 목격자들에 의해 자세히 국제 사회에까지 알려졌고, 일본은 이 사건에 대해 사죄하지 않을 수 없었지요. 또한 미우라 공사를 해임하고, 명성황후 시해 관련자 48명을 히로시마 감옥에 투옥했어요. 하지만 모두 형식적이었어요. 시해사건에 가담한 관련들은 곧바로 증거불충분을 이유로 풀려나왔으니까요.

한편 조선에서는 명성황후 시해사건이 알려지자 전국에서 의병이 일어났어요. 의병들은 곳곳에서 일본군과 치열하게 싸웠답니다.

고종 황제, 궁궐을 떠나 러시아 공사관으로…(아관파천)

일본의 이런 파렴치하고 무자비한 짓에 가장

◐ 옛 러시아 공사관(부분)

위협을 느낀 사람은 아무래도 고종 임금이었어요. 그래서 어떻게든 이 위기를 모면하기 위해 애썼습니다. 그런데 마침 일본군 병력 상당수가 지방에서 일어난 의병을 진압하기 위해서 이동했어요. 이것을 눈치 챈 고종 임금과 이완용 이범진과 같은 친러파 세력들은 마침내 러시아 공사관으로 몸을 피하기로 결정했어요.

때를 맞추어 러시아 공사 베베르는 인천에 있던 수병 150명을 한양으로 이동시키고 1896년 2월 11일 새벽에 고종과 왕세자를 극비리에 러시아 공관으로 피신케 했어요. 이를 아관파천이라고 하지요.

러시아 공사관에 도착한 고종은 가장 먼저 김홍집을 비롯한 친일파 대신들을 역적으로 선언하고 그들을 체포하여 사형에 처할 것을 명령했습니다. 이에 김홍집은 궐에서 나오다가 흥분한 시민들에 의해 살해되었고, 도망쳤던 어윤중도 다음 날, 지방에서 살해되었어요. 유길준과 몇몇 친일파 대신들은 일본군의 보호를 받으며 일본으로 망명했습니다.

하지만 조선 조정은 이번에는 러시아의 간섭을 피할 수 없게 되었고, 여러 가지의 이권을 내주지 않을 수 없었습니다. 러시아는 조선 정부에 압력을 행사하여 압록강 부근과 울릉도의 삼림채벌권과 경원의 광산채굴권을 가져갔고, 인천 월미도에 저탄소 설치권도 빼앗았습니다.

뿐만 아니라 고종이 러시아 공사관에 머무는 동안, 중앙의 군제가 러시아식으로 바뀌었고, 재정도 러시아 고문에 의해 좌지우지 되었습니다.

고종은 뒤늦게 1897년 2월, 러시아의 압력에서 벗어나기 위해 경운궁(지금의 덕수궁)으로 환궁했습니다. 그리고 국호를 '대한제국'이라 고치고 연호를 광무로 정했어요. 또한 황제 즉위식을 갖고 대한제국이 독립국임을 선포하였답니다.

◐ 고종이 황제 즉위식을 거행한 원구단

조선은 독립국이다

갑신정변의 실패 이후 미국에 갔던 서재필은 다시 고국으로 돌아와
〈독립신문〉을 만들었습니다. 이것은 자주독립의 시작이었지요.

 '아아, 도대체 이 나라의 주인은 누구란 말인가? 녹두 장군 전봉준이 사라지니 일본은 제멋대로 조선을 주무르고 러시아는 임금을 빼앗아 갔구나.(친러파가 힘을 얻기 위해 임금 보호를 이유로 고종과 태자를 러시아 공사관에 머무르게 한 것을 말해요) 그런데도 신하들은 조선의 나아갈 방향조차 잡지 못하고 비틀거리는구나. 이제 이 나라의 자주성과 국민의 권리는 어디서 찾을 것이냐……. 아아! 먼저 우리 백성들에게 나라의 주인이 우리임을, 독립이 무엇임을 알려야겠구나. 지금 나라 안팎에서 무슨 일이 일어나는지도 상세히 알려야 하리라. 그렇게 깨우치지 않으면 나라의 주인이 될 수 없으리라.'

 1896년, 갑신정변이 실패로 돌아갔을 때 미국으로 망명했던

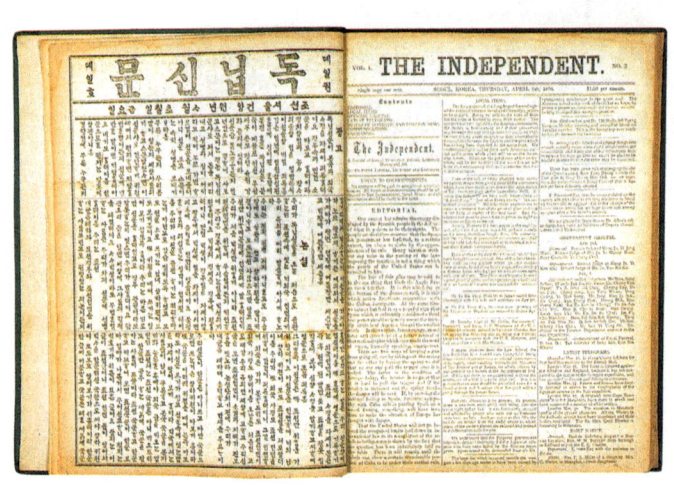

◐ 〈독립신문〉. (☞ 89쪽)
한글판과 영문판 두 가지로 발행되었다.

서재필이 돌아왔습니다. 그는 해외 열강의 등쌀에 시달리는 조선을 바라보며 이런 생각을 했습니다. 그리고 〈독립신문〉을 만들었습니다.

〈독립신문〉을 통해서 서재필은 다른 나라의 지배에서 벗어나 독립국이 되어야 함을 주장했습니다. 하지만 그것으로는 만족하지 못했습니다. 서재필은 유길준과 이상재를 비롯한 개화파 사람들을 모아 놓고 이렇게 말했습니다.

"이제 우리나라의 자주독립을 외치고 실천해야 할 때입니다."

그리고 서재필은 곧 독립 협회를 만들었습니다. 1896년 7월에는 독립 협회의 뜻을 전해 들은 세자가 약 1천 원을 보내왔습니다. 1천 원은 당시로서는 아주 큰돈이었습니다.

다음 해 11월, 서재필과 독립 협회 사람들은 서울의 북쪽 한 구석에 모였습니다.

그곳에서는 아주 특별한 행사가 열리고 있었습니다. 바로 독립문의 준공식이었습니다. 독립문은 영은문을 헐은 자리에 지어지고 있었습니

⬆ 영은문

⬆ 독립문 모형 (서재필 기념 공원)

✔ **서재필**

독립 운동가로 김옥균과 함께 갑신정변을 일으켰지만, 실패하여 일본과 미국에서 망명 생활을 하였습니다. 후에 귀국하여 독립 협회를 조직하고, 우리나라 최초의 민간 신문인 〈독립신문〉을 발간하였습니다.

다. 그것만으로도 큰 의미가 있었습니다. 왜냐하면 영은문은 조선 시대 때, 중국의 사신을 접대하고 맞이하던 곳이었기 때문입니다. 특히 청나라의 간섭을 받기 시작한 이후로 조선은 임금이 직접 이 곳까지 나가 청나라의 사신을 맞이해야 할 때도 있었습니다. 말하자면 사대주의를 상징하던 건물이었던 것입니다.

때마침 이에 호응하듯 고종 임금이 러시아 공사관에 피신해 있다가 다시 궁궐로 돌아왔습니다. 그리고 지금까지 청나라만 쓰던 황제라는 칭호를 씀으로써 청나라와도 동등한 독립 국가임을 과시했습니다.

이 일로 독립 협회는 더욱 큰 힘을 얻었고, 또 다른 일을 추진하기 시작했습니다.

"아무래도 나라의 발전이 있으려면 우리 백성들이 한자리에 모여 토론하고 그것을 조정에 건의하는 자리가 필요할 것이오."

서재필은 동료들과 함께 만민 공동회를 열었습니다. 만민 공동회는 말 그대로 백성들이 한자리에 모여 나라의 일을 비판하고, 또 새로운 일을 건의하는 자리였습니다.

"지금 조정에서는 러시아 사람들이 조선의 군대와 나랏

돈을 함부로 관리하고 있소. 이것은 독립 국가로서 수치스러운 일이오. 하루 빨리 러시아 관리를 내쫓고 우리나라의 군대와 돈은 우리가 직접 관리해야 하오."

"임금님이 가지고 있는 관리 뽑는 권리를 제한하고 우리 손으로 직접 관리를 뽑게 합시다!"

이런 저런 수많은 이야기들이 만민 공동회 자리에서 오갔습니다.

백성들도 독립 협회를 돕기 시작했습니다. 만민 공동회가 열리는 날이면 저마다 손에서 일을 놓고 저자거리로 달려 나갔습니다. 백성들은 그때마다 독립 협회를 칭찬했습니다. 나아가 독립 협회는 여섯 가지 개혁안을 만들어 고종 황제에게 건의하기도 했습니다.

✔ **만민 공동회**

미국에서 돌아온 서재필은 우리나라의 자주독립과 개혁을 위해 독립 협회를 조직하였습니다. 만민 공동회는 1898년에 독립 협회가 주최한 대회로 서울 종로에서 열렸습니다. 외세의 배격과 언론, 집회의 자유를 주장하는 등 민족주의·민주주의 운동이었습니다.

첫째, 외국인, 특히 일본인에게 의지하지 말 것
둘째, 외국과의 조약이나 이권 계약을 백성들의 의견을 반영하지 않은 채 대신들이 혼자서 처리하지 말 것

⬆ 서재필

셋째, 나라의 재정을 공정히 할 것이며 예산과 그 사용할 내역을 미리 알릴 것

넷째, 중죄를 저지른 범인에 대한 재판을 공정히 할 것이며, 언론과 집회의 자유를 보장할 것

다섯째, 주요 관직의 임명은 많은 사람들의 의견에 좇을 것

여섯째, 기타의 규칙을 서둘러 제정할 것

고종 황제도 독립 협회에서 올린 건의를 받아들여 중추원(지금의 국회와 비슷한 곳이에요)의 관리들 중 절반을 백성들이 직접 뽑도록 하겠노라고 선언하였습니다.

그러나 그 뒤, 독립 협회와 만민 공동회의 입김이 커지자 조정의 친일파 대신들은 황국 협회를 만들어 독립 협회와 싸우게 만들었습니다. 친일파 상인들로 구성된 황국 협회는 사사건건 독립 협회와 만민 공동회에 시비를 걸었습니다. 심지어는 독립 협회 사무실을 습격하여 사람들을 때리고 사무실 물건들을 부수는 행패까지 부렸습니다.

뿐만 아니라 거리에서 패싸움을 벌이기도 했습니다.

이런 일이 계속되자 고종 황제는 하는 수 없이 독립 협회와 황국 협회를 모두 해산하도록 명령했습니다. 이에 따라 만민 공동회의 활동도 점차 수그러들 수밖에

없었습니다.

그러나 독립 협회와 만민 공동회는 백성들에게 개화된 독립 사상을 불어넣는 데 크게 기여했습니다. 뿐만 아니라 이들의 활동에 자극을 받은 젊은이들이 훗날 애국 계몽 운동과 독립 운동을 펼치는 데에도 중요한 밑바탕이 되었습니다.

〈독립신문〉은 어떻게 만들어졌을까?

'나라가 독립국으로 살 길은 우선 백성들을 깨우치는 일이다. 백성들이 깨어 있지 않으면 나라를 잃고서도 잃은 줄 모르니 그것보다 더 가슴 아픈 일이 어디에 있을 것인가.'

서재필이 〈독립신문〉을 만들고자 한 이유입니다.

〈독립신문〉이 처음 나온 때는 1896년 4월 7일입니다. 가로 22cm, 세로 33cm였고 전부 4면이었는데, 그중 세 면은 한글, 나머지 한 면은 영어로 되어 있었습니다. 처음에는 겨우 300부를 인쇄했지만 날이 갈수록 국민들의 반응이 좋아 곧 3,000부 이상을 발행하게 되었고 영문판과 한글판 두 종류로 나누어 발행되었습니다.

〈독립신문〉의 창간호에 서재필은 이렇게 썼습니다.

'한문은 아니 쓰고 국문으로만 쓰는 것은 모든 사람이 다 보게 함이라. 또 국문을 이렇게 구절을 떼어 쓰는 것은 아무라도 신문 보기가 쉽고 신문 속에 있는 말을 자세히 알아보게 함이라.'

그리고 서재필은 외국인이 대한제국의 이권을 빼앗는 행위를 심하게 비판했으며, 또한 독립이 무엇인지, 어떻게 해야 나라의 자주권을 되찾을 수 있는지에 대해서도 빠지지 않고 썼습니다. 또한 나라 안팎의 일을 상세하게 알려 주기도 했습니다.

〈독립신문〉은 첫 해에는 일주일에 세 번 발행했고, 둘째 해에는 이틀에 한 번씩 발행하다가 셋째 해부터는 매일 발행했습니다. 〈독립신문〉은 폐간될 때까지 43개월 동안 발행되었고, 논설은 총 776회 실었습니다.

저 개, 돼지와 같은 대신들이 나라를 팔았구나

이토 히로부미는 대한제국을 보호하겠다는 명목 하에 보호 조약을 체결하려 합니다.
그러나 그 조약에는 대한제국을 집어 삼키려는 의도가 깔려 있었지요.
고종 황제와 다른 대신들은 이를 제지하려 하였지만 눈앞의 이익만 따르던 을사오적은 달랐습니다.

✔ **을사조약**

을사오조약, 제2차 한일협약 등으로 불리는 이 조약은 1905년 일본이 한국의 외교권을 빼앗기 위하여 강제적으로 맺은 조약입니다.

1904년 2월, 누가 한반도를 더 많이 차지하느냐를 놓고 티격태격하던 일본과 러시아가 기어코 전쟁을 일으켰습니다(러일전쟁). 대한제국으로서는 참으로 어처구니 없는 일이었지만 그것을 말리지도 못했고 두 나라를 나라 밖으로 내쫓을 만한 힘도 없었습니다. 고작해야 고종 황제는 이렇게 말할 뿐이었습니다.

◎ 을사조약문

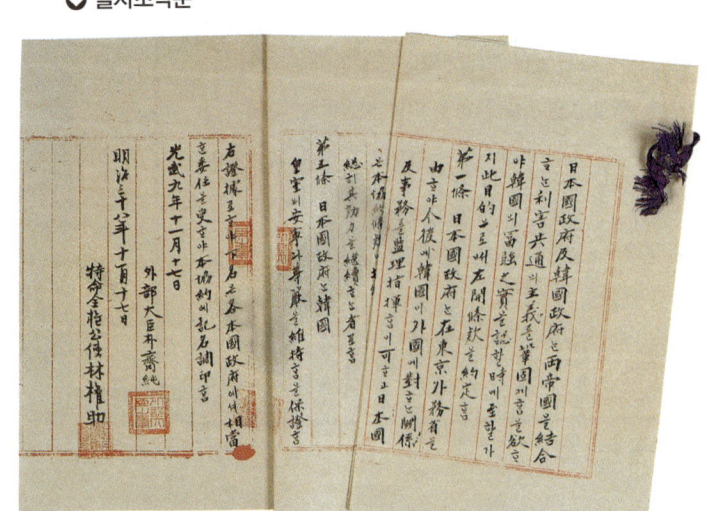

"우린 두 나라의 싸움에 끼어들지 않고 중립을 선언하오."

하지만 대한제국 정부는 전쟁에서 이기고 있는 일본에 이리저리 끌려 다닐 수밖에 없었습니다.

"지금 러시아가 호시탐탐 대한

제국을 노리고 있소. 그래서 우리 일본은 러시아를 비롯한 다른 나라가 대한제국을 침략했을 때, 즉시 군대를 보내 도와주겠소. 그러기 위해서 우리 일본군이 필요하다고 요구하는 곳을 즉시 군사 기지로 내주길 바라오."

전쟁이 시작된 뒤, 일본은 대한제국 정부에 이런 요구를 했습니다. 그러면서 억지로 조약을 맺었습니다. 이 조약이 바로 '한일 의정서' 입니다.

하지만 일본은 이것으로 만족하지 않았습니다. 일본은 대한제국을 통째로 집어삼키겠다는 야욕을 점점 노골적으로 드러냈습니다.

1905년, 일본은 러시아와의 싸움에서 완전히 승리를 거두었습니다. 그 뒤, 대한제국의 친일 단체인 일진회를 부추겨 다음과 같은 헛소문을 퍼트렸습니다.

"대한제국은 하루 빨리 일본의 보호를 받아야 한다. 곧 일본의 이토 히로부미가 보호 조약을 맺기 위해 대한제국으로 올 것이다."

그런데 그것은 헛소문이 아니었습니다. 그해 11월, 이토 히로부미가 대한제국으로 건너왔습니다. 그리고 곧바로 고종 황제를 만나 말했습니다.

> **✓ 러일 전쟁**
>
> 1904년에 한반도와 만주에 대한 지배권을 두고 러시아와 일본 사이에 일어난 전쟁이에요. 1905년 일본이 승리하여 미국의 루스벨트 대통령의 중재로 포츠머스에서 강화 조약(서로 싸우던 나라끼리 전쟁의 종료와 평화의 회복, 배상금 등의 강화 조건을 규정하는 조약)을 체결합니다. 이 전쟁 후 일본은 요동반도를 차지하여 대륙 침략의 기회를 마련합니다.

> ✓ **한규설**
>
> 대한제국의 무신. 을사조약 때 끝까지 반대하다 파면됐습니다. 뒤에 일본 정부에서 남작 작위를 주었으나 거절하였습니다. 조선교육회를 창립하고 민립대학기성회로 발전시켰습니다.

"하루 빨리 보호 조약을 맺읍시다."

그러나 고종 황제는 그럴 수 없다며 조약 맺기를 거부했습니다.

하지만 물러날 이토 히로부미가 아니었습니다. 11월 15일, 일본 공사 하야시와 일본군 사령관 하세가와가 군사를 이끌고 궁궐로 몰려왔습니다. 완전 무장을 한 군사들은 궁궐 곳곳에 배치되었습니다. 이번에는 이토 히로부미의 지시를 받은 하세가와가 고종 황제에게 말했습니다.

"대한제국의 황제 폐하, 서둘러 보호 조약을 맺으시길 바랍니다. 만약 이 조약을 맺지 않으면 대한제국에 어떤 일이 일어날지 모릅니다."

하지만 고종 황제는 거절했습니다.

"조약을 맺는 것은 나라의 중요한 일이니 혼자서 결정할 수 없소. 백성들의 뜻을 물어본 뒤 결정할 것이오."

그럼에도 불구하고 이토 히로부미는 포기하지 않았습니다. 11월 17일, 이토 히로부미는 대한제국의 대신들을 한자리에 모아 놓고 위협적인 목소리로 말했습니다.

"참정대신 한규설은 어떠한가? 그대도 조약에 반대할 것인가?"

"한 나라의 대신은 벼슬아치가 아니라 백성의 심부름꾼

이로다. 그런데 어찌 백성이 원하지 않는 일에 찬성하겠는가? 이런 일은 설사 황제의 칙서가 있다 해도 따를 수 없을 것이오."

한규설은 꼿꼿하게 버텼습니다. 그런데 뜻밖에도 조약을 맺어야 한다며 찬성한 사람이 있었습니다. 바로 이완용이었습니다.

"나는 찬성하겠소. 보호 조약을 맺는 데 동의할 것이오."

그러자 뒤이어 이근택이 찬성의 뜻을 밝혔고 이지용과 박제순, 그리고 권중현(이들 다섯 명은 나중에 '을사오적'이라 불렸어요)이 찬성하겠다며 앞으로 나섰습니다. 이런 다섯 대신의 행동을 본 한규설은 소리쳐 꾸짖었습니다.

"네 이놈들, 아침까지만 해도 나와 함께 반대한다 했거늘 어찌 이런 짓을 하는 것이냐!"

그러나 그것도 잠깐이었습니다. 한규설이 소리치자 일본군 병사들이 그를 강제로 바깥으로 내쫓았습니다. 결국 을사조약은 을사오적에 의해 맺어졌습니다.

◐ 을사오적 중의 하나인 이완용

✔ **을사오적**

1905년 일본이 대한제국 침략을 위해 을사조약을 강제로 체결할 당시, 조약에 찬성한 다섯 명의 대신을 말합니다. 이들은 조국을 왜적에게 팔아먹은 매국노라 하여 '을사오적신'이라고도 합니다.

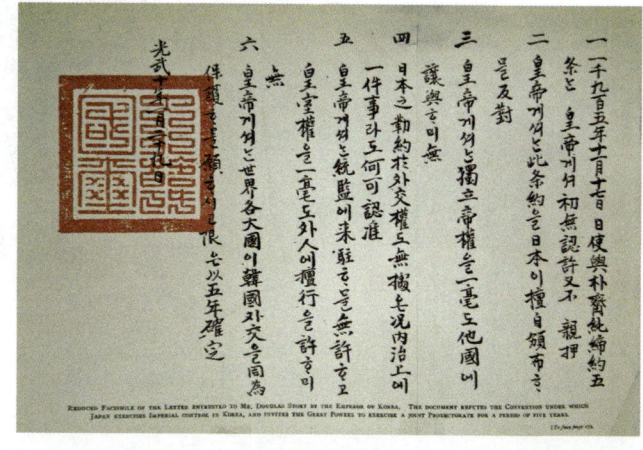
◐ 고종 황제가 을사조약이 무효임을 주장하며 한 외국인 기자에게 보낸 선언문

첫째, 일본 정부는 대한제국의 외교에 관한 일을 감독하고 지

> ✅ **장지연**
>
> 고종 때의 언론인으로 1901년 〈황성신문〉 사장을 지냈습니다. 을사조약이 체결되자 〈시일야방성대곡〉이라는 사설을 썼습니다. 저서에는 〈유교연원〉, 〈대한강역고〉 등이 있습니다.

> ✅ **을사조약과 을사늑약?**
>
> 을사조약과 을사늑약 중 어느 말이 맞는 말일까요?
> 보통 조약이라고 하면 두 나라 간 권리와 의무 등을 양자합의에 따라 실행키로 하고, 이것을 법적인 구속을 받도록 규정하는 것을 말합니다. 그런 반면 늑약은 억지로 맺은 조약을 말합니다. 그렇다면 을사조약은 을사늑약으로 불러야 맞을지도 모릅니다. 을사조약을 맺을 당시 일본은 대한제국의 통수권자인 고종 황제와 대신들을 협박하였으니까요. 실제로 이 조약을 맺을 당시 궐 밖에는 일본군이 중무장을 한 채 대기하고 있었다고 해요. 그래서 요즘의 학자들이 을사조약이란 말 대신에 을사늑약이라는 말을 쓰자고 주장하고 있답니다.

휘하며 한국인은 일본의 대표가 보살핀다.

둘째, 대한제국 정부는 일본의 중개 없이 다른 나라와 조약을 맺을 수 없다.

셋째, 일본 정부는 대한제국의 황제 밑에 한 명의 통감을 두고 그에게 외교권을 맡긴다.

넷째, 지금까지의 조약과 약속은 이 조약(을사조약)에 어긋나지 않는 경우에는 효력을 갖는다.

다섯째, 일본 정부는 대한제국 황실의 안녕과 존엄을 지켜 준다.

하지만 고종 황제는 조약서에 도장을 찍지 않았습니다.
"이 조약은 무효요. 나는 결코 이 조약에 동의할 수 없소."
한 나라의 최고 통치자가 조약서에 서명하지 않으면 사실상 그 조약은 효력을 가질 수 없습니다. 그런데도 이 조약으로 인하여 대한제국은 다른 나라와 외교를 맺을 수가 없었습니다. 그것은 주권을 빼앗긴 것과 다름이 없었습니다. 무엇이든 일본이 허락하고 시키는대로만

해야 했습니다.

다음 날, 나라 안은 떠들썩했습니다. 을사조약을 반대하는 소리가 높아지고 황제에게 상소가 끊이지 않았습니다. 한쪽에서는 을사오적을 죽이라고 난리였습니다. 장지연은 〈황성신문〉에 사설을 써서 목 놓아 울었습니다.

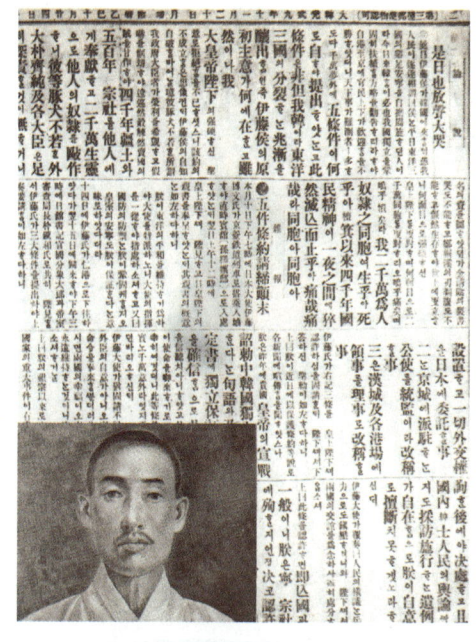

○ 장지연과 그가 쓴 사설 '시일야방성대곡'이 실린 〈황성신문〉

아아, 저 개, 돼지와 같은 정부의 대신들이 나라를 팔았구나.
삼천리 강토와 5백 년 왕국을 남의 나라에 넘기고 2천만 동포는 노예가 되었도다.
단군 이래 4천 년을 이어 온 겨레가 한순간 망하였구나.
아, 원통하고 분하다. 동포여, 이 날을 어찌 우리가 땅을 치며 한탄하지 않을 것이냐!

그뿐이 아니었습니다. 민영환은 유서를 남기고 끝내 목숨을 끊었습니다.

……나는 죽어서도 변치 않고 구천(저세상)에

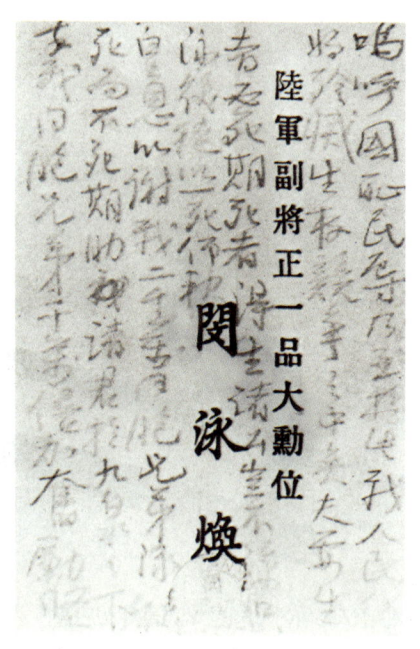

○ 민영환의 유서

서 열심히 도울 것이니 동포 형제들이 천만 번 분발하여 마음을 굳게 하고, 학문에 힘쓰며, 힘을 합해 자유 독립을 회복하면, 죽은 자 기뻐하며 웃으리라.

한 나라의 대신으로서 나라를 구하지 못했으니 살아 있는 것이 수치스럽다는 것이었습니다. 민영환뿐만이 아니었습니다. 영국의 공사로 가 있던 이한응도 나라를 빼앗긴 수치를 참을 수 없다며 자결했고, 조병세와 김봉학, 그리고 이상철 같은 애국지사들이 차례로 순국했습니다. 이런 울분은 곧 백성들에게도 이어졌습니다.

곳곳에서 의병이 일어나기 시작했습니다. 가장 먼저 경주에서 정환직이 의병을 일으켜 청송과 영천을 누비며 일본군을 차례로 격파했습니다. 일흔이 넘은 최익현은 도끼를 들고 궁궐 앞에서 시위를 하다가 좌절당하자 전라도 태인에서 의병을 일으켜 싸웠습니다.

최익현은 성품이 곧고 바른 사람이었습니다. 그는 이전에도 흥선대원군의 실정(정치를 바르게 하지 못함)을 비판하다가 여러 번 관직에서 쫓겨나기도 했고, 갑오개혁 때에는 단발령이 선포되자 이를 반대하며 목소리를 높이기도 했습니

✔ **민영환**
고종 때의 문신. 러시아 황제의 대관식에 특명 전권 공사로 특파되기도 했습니다. 을사조약이 체결되자 이를 반대하여 상소한 뒤, 뜻이 이루어지지 않자 각국 공사 등에 유서를 남기고 자결하였습니다.

○ 을사조약에 반대한 의병들이 썼던 칼

다.

그뿐만이 아니었습니다. 최익현은 나라의 크고 작은 일이 있을 때마다 매국하는 신하들을 비판하고, 상소를 거듭하여 나라를 바로잡고자 했습니다.

을사조약이 체결되자 최익현은 자신의 제자인 임병찬을 비롯한 수십 명의 무리를 이끌고 전라도로 내려가 순창에서 약 400명을 모아 일본군과 맞서 싸웠습니다.

"일본군의 목을 베고, 나라를 되찾아야 한다!"

그의 우렁찬 목소리에 의병들은 용기를 내어 무장한 일본군과 싸웠습니다. 하지만 최익현은 오래지 않아 잘 훈련된 일본군 앞에 무릎을 꿇어야 했습니다. 그는 곧 패하여 체포되었고, 대마도로 유배되었습니다. 그때도 최익현은 곧고 바르게 외쳤습니다.

"나는 적이 주는 음식에는 손끝도 대지 않을 것이다!"

결국 모든 음식을 거부하고 물 한 모금 먹지 않은 최익현은 끝내 대마도에서 굶어죽고 말았습니다.

그런 일이 있은 뒤에도 을사조약은 취소되지 않았습니다. 일본은 이를 핑계로 더욱 대한제국의 나랏일에 간섭하고 함부로 행동하기 시작했습니다.

○ 최익현

✓ 최익현

조선 말기의 학자인 최익현은 성품이 곧기로 이름나 있었습니다. 1855년(철종 6년)에 병과에 급제하여 벼슬길에 올랐다가, 흥선대원군이 정치를 잘못한다고 비판하여 두 번이나 쫓겨났습니다. 그러나 복직한 뒤에도 그 기세를 꺾지 않고, 흥선대원군에게 더욱 강경한 주장을 펼쳤습니다. 이항노의 수제자이기도 했던 최익현은 조선 말기의 유학자의 표본이었습니다.

저기요, 선생님! 이런 게 궁금해요
저 개, 돼지와 같은 대신들이 나라를 팔았구나

일본의 독도 강탈사건

1905년 러일전쟁 전후, 일본은 한반도의 이권을 노리고 자꾸만 남하하는 러시아의 극동함대를 견제할 필요가 있었습니다. 그러기 위해서는 독도를 빼앗을 필요가 있었어요. 왜냐하면 독도가 대한제국의 땅인 이상 일본은 러시아 함대의 진출에 대해서 아무런 할 말이 없었으니까요. 그런데 만약 독도가 자신들이 땅이 되면, 영해를 침범한다는 구실로 러시아 함대의 남하를 합법적으로 저지할 수 있었던 것입니다.

그리하여 일본은 독도에 망루를 설치하는 등 불법적인 시설물을 짓고 러시아 함대를 감시하더니, 이어 1905년 1월에는 독도의 이름을 '다케시마'(竹島)로 명명한 뒤, 제멋대로 일본의 시마네현에 독도를 포함시켰어요.

하지만 독도는 이미 신라 지증왕 13년, 장군 이사부에 의해 우리땅에 편입된 이후로 줄곧 우리 땅이었습니다. 또한 조선 숙종(1693년) 때에는 어부 안용복이 일본의 어부들과 충돌을 일으킨 일이 있었는데, 이때 안용복은 일본의 돗토리성의 호키슈 태수 앞에서 울릉도와 독도가

◐ 독도 전경

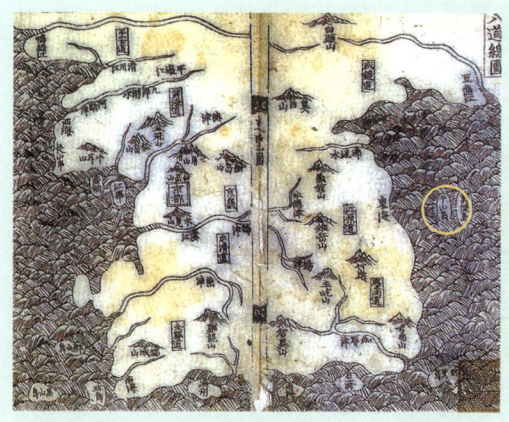 

❶ 〈신증동국여지승람〉 첫머리에 수록된 조선 8도총도　　❶ 삼국접양지도

조선의 영토임을 주장했어요. 물론 호키슈 태수도 '울릉도(독도 포함)는 일본의 영토가 아니다.'라는 글을 써주었습니다. 이후 3년 뒤, 다시 일본의 어선이 독도 근방에서 어로 활동을 하자 안용복은 한번 더 일본으로 건너가서 따졌습니다. 그러자 돗토리현 태수는 "두 섬(울릉도와 독도)이 당신네 나라(조선)에 속한 이상, 만일 다시 국경을 침범하는 자가 있으면 무겁게 벌을 내릴 것이다."라고 말했다고 합니다.

이 외에도 울릉도와 독도가 우리 땅이라는 사실은, 여러 기록과 지도에 이미 나와 있었어요. 이행과 윤은보 등이 중종 임금의 명령에 의해 〈동국여지승람〉을 증보하여 만든 〈신증동국여지승람〉(1530년)의 첫머리에 수록된 조선 팔도총도에는 독도를 오히려 울릉도 안쪽에 그려 넣어 독도가 우리 땅임을 강조하였지요.

독도가 우리 땅이라는 증거는 일본인이 만든 지도에도 있어요. 바로 '삼국접양지도'이지요. 삼국접양지도는 1785년 일본의 실학자 하야시 시헤이가 그린 것인데, 울릉도와 독도를 조선의 색깔과 같은 색깔로 표시하여 독도가 조선 땅임을 인정했지요.

물론 일본 사람들은 문서를 통해서도 독도가 조선 땅임을 밝혔어요. 1877년 일본의 태정관이 내무성에 내려 보낸 공문서에 '울릉도와 독도는 일본과 관계가 없는 곳이므로 일본 지적에는 포함시키지 말아라.'는 내용이 포함되어 있답니다.

하지만 이런 역사적 기록이 존재하는데도 일본은 지금까지도 억지 주장을 펼치고 있답니다.

선생님과 역사 읽기 ••• 절기 이야기

절기가 뭐예요?

우리나라는 달을 기준으로 해서 날짜를 계산했어요. 그런데 이렇게 음력을 사용하다 보니, 날짜가 계절과 맞지 않는 경우가 생겼어요. 그래서 사람들은 고민 끝에 태양의 움직임과 계절의 특성을 알 수 있게 24절기로 나누었지요. 24절기가 생기면서 사람들은 계절 구분을 할 수 있게 됐고, 씨를 뿌리거나 추수를 할 때도 알 수 있게 됐어요.
현재 우리가 사용하는 것은 달의 움직임과 태양의 움직임을 모두 고려한 태음태양력이랍니다.

계절별 절기를 알아볼까요?

▶ 봄의 절기

- **입춘** – 양력으로 2월 4, 5일 무렵을 말해요. 24절기 가운데 첫 번째 절기예요. 입춘은 새해를 상징하는 절기로 봄을 알린답니다. 입춘이 되면 사람들은 대문에 '입춘대길'이라는 글자를 적어서 붙여 놓았어요. 이렇게 하면 복이 들어온다고 믿었거든요. 입춘에는 겨울 내내 부족했던 영양분을 보충하는 날이기도 해요. 봄나물을 캐다가 맛있는 무침을 해 먹었어요. 죽순, 달래, 냉이, 갓김치 등이 대표적으로 입맛과 기운을 돋게 해요.

냉이   갓김치

- **우수** – 양력 2월 19일, 20일 무렵을 말해요. 아직도 춥긴 하지만 우수가 되면 날이 많이 풀려요. 땅에서 봄의 기운이 올라오고 나무들에서는 싹이 트지요. 이때부터는 눈 대신에 비가 와요.

- **경칩** – 양력 3월 5, 6일 무렵을 말해요. 경칩은 말 그대로 땅속에서 겨울잠을 자던 동물

들이 깨어나 꿈틀거리기 시작한다는 뜻이에요. 경칩에는 개구리들이 번식기를 맞아서 알을 낳는다고 해요. 이 알을 먹으면 허리의 통증이 사라진대요. 그래서 우리 조상들은 개구리 알을 먹는 풍속이 있었어요. 또 단풍나무를 베어서 나오는 물을 먹기도 했어요. 위장병에 효과가 좋다고 해요.

- **춘분** - 양력 3월 21, 22일 무렵을 말해요. 춘분은 낮과 밤의 길이가 같아지는 날이에요. 겨울 동안에는 밤이 더 길었는데, 춘분이 지나면 점차 낮이 길어지지요. 춘분이 시작되면 농사 준비로 분주해져요. 춘분에는 '꽃샘추위'가 찾아오기도 해요. 꽃이 피는 것을 시샘한 바람신이 꽃을 막기 위해 차가운 바람을 불게 한다고 해서 붙여진 이름이에요.

- **청명** - 양력 4월 5, 6일 무렵이에요. 이때는 본격적으로 농사를 준비하는 날이지요. 이 시기에는 논밭의 둑을 손질하기 위해 가래질을 해요. 보통 식목일과 겹친답니다.

- **곡우** - 양력 4월 20일, 21일 무렵을 말해요. 이제 농사 준비를 끝냈으니 본격적으로 농사를 지어야겠지요? 곡우에는 비가 내려요. 곡우에 비가 오지 않으면 가뭄이 들기 때문에 그해 농사를 망친다는 얘기도 있어요. 곡우 때가 되면, 전라남도나 경상도, 강원도 등지의 사람들은 깊은 산이나 이름난 산으로 곡우물을 마시러 가요. 곡우물은 박달나무, 자작나무, 산다래 등에 상처를 냈을 때 나오는 물을 말해요. 이 물을 마시면 건강에 좋다고 약수로 먹었어요.

자작나무

박달나무

▶ **여름 절기**

- **입하** - 양력 5월 6, 7일 무렵을 말해요. 입하는 여름의 시작을 알리는 절기예요. 입하가 되면 농작물이 쑥쑥 잘 자라지만, 해충이 많아지고 잡초 역시 무성하게 자라서 이것을 없

모내기

애느라 무척 바쁜 시기이기도 해요.

- **소만** – 양력 5월 21, 22일 무렵을 말해요. 이제 본격적인 여름이 시작됩니다. 1년 중에서 가장 분주한 계절로 접어든 것이지요. 이때는 농가에서 모내기를 하고, 보리를 수확해요. 소만이 되면 냉잇국을 즐겨 먹어요. 입맛을 돋우는 음식으로 유명하지요.

- **망종** – 양력 6월 6, 7일 무렵을 말해요. 망종이란 벼와 보리 등 수염 있는 곡식의 씨앗을 뿌리기에 적당한 때라는 말이에요. 모내기도 해야 하고 보리도 베어야 하기 때문에 무척 바쁠 때예요.

- **하지** – 양력 6월 21, 22일 무렵을 말해요. 하지는 춘분 이후에 계속 길어진 낮의 길이가 가장 길어지는 때예요. 낮의 길이가 14시간이 넘어서 일 년 중에서 가장 길어요. 이때는 모내기가 다 끝났을 무렵이지요. 하지가 올 때까지 비가 오지 않을 경우에는 기우제를 지냈어요. 하지가 지나고 나면 무더운 날씨가 시작된답니다.

보리

- **소서** – 양력 7월 7, 8일 무렵을 말해요. 소서는 글자 그대로 작은 더위라는 뜻이에요. 이제 곧 푹푹 찌는 더위가 시작됩니다. 그리고 습도가 높아지면서 장마철이 시작돼요. 소서에는 과일이 풍성하고 밀과 보리 역시 얻을 수 있답니다.

포도

- **대서** – 양력 7월 23일, 24일 무렵을 말해요. 글자 그대로 하면 큰 더위라는 뜻이에요. 아주 더운 여름이겠지요? 소서 때 내려온 장마 전선이 한반도 전체에 걸치면서 큰 장마가 오는 경우가 많아요. 녹음이 우거지고, 과일이 가장 맛있는 시기이지요. 물론 비가 온 뒤에는 과일의 단맛이 덜해져요.

▶ 가을 절기

- **입추** – 양력 8월 8일, 9일 무렵을 말해요. 입추는 가을의 시작을 알리는 절기예요. 아직 더위가 남아 있긴 하지만 해가 질 무렵이면 시원한 바람이 불어요.

- **처서** – 양력 8월 23, 24일 무렵을 말해요. 처서는 더위가 가고 일교차가 커지는 절기예요. 낮에는 뜨거운 햇볕이 쏟아지고, 밤에는 공기가 차가워져요. 처서가 지나면 볕이 누그러지고 풀도 더 이상 자라지 않기 때문에 묘의 풀을 깎아요. 처서가 지나면 모기도 사라진답니다.

- **백로** – 양력 9월 8, 9일 무렵을 말해요. 백로는 이슬이 내리는 때를 말해요. 밤의 기온이 뚝 떨어지고, 대기 중의 수증기가 엉켜서 풀잎에 이슬이 맺혀요. 완연한 가을을 느낄 수 있지요.

- **추분** – 양력 9월 23, 24일 무렵을 말해요. 밤이 길어지면서, 낮과 밤의 길이가 다시 같아지는 절기예요. 추분 때에는 곡식을 수확하고, 고추도 따다가 말려야 해요. 이래저래 농작물에 손이 많이 가는 계절이지요. 이때는 산채, 깻잎, 호박 등을 말려서 겨울 식량을 준비해 놓기도 해요.

호박순

- **한로** – 양력 10월 8, 9일을 무렵을 말해요. 찬 이슬이 맺힌다는 뜻이지요. 기온이 더 내려가면 농작물이 얼 위험이 있어요. 그 전에 추수를 끝내야 해요. 한로를 전후로 해서는 국화주를 담그고, 국화전을 지지며 온갖 놀이와 모임이 한판 벌어진답니다.

- **상강** – 양력 10월 23, 24일 무렵을 말해요. 상강은 서리가 내린다는 뜻이에요. 낮에는 맑고 시원한 날씨가 계속되다가 밤이 되면 기온이 뚝 떨어져요. 그래서 서리가 맺히는 거지요. 9월에 시작한 추수도 이때면 모두 마무리 된답니다.

벼타작(김홍도 그림)

▶ 겨울 절기

- **입동** – 양력 11월 7, 8일 무렵을 말해요. 겨울의 시작을 알리는 절기예요. 입동을 전후해서 김장을 담그는데 시간이 오래 지나면 배추가 얼어서 김치 맛이 제대로 나지 않아요. 입동에는 그해 곡식으로 시루떡을 해서 이웃과 나눠 먹어요. 시루떡을 터줏가리, 토광 등에 놓고는 제사를 지내기도 하지요.

- **소설** – 양력 11월 23, 24일 무렵을 말해요. 소설에는 햇볕이 따뜻하지만 살얼음이 얼기 시작하지요. 땅도 얼어붙어서 겨울의 차가움을 느낄 수 있어요. 음력 10월 20일에는 바람이 거세고 날이 춥기 때문에 뱃길을 나갈 때 조심해야 해요.

- **대설** – 양력 12월 7, 8일 무렵을 말해요. 대설은 눈이 많이 온다는 뜻이에요. 이때 눈이 오면 다음 해에 풍년이 드는 것은 물론이고 따뜻한 겨울이 될 것이라는 믿음이 있어요.

- **동지** – 양력 12월 22, 23 무렵을 말해요. 일 년 중 밤의 길이가 가장 긴 때예요. 낮은 가장 짧겠지요? 고대 사람들은 태양이 다시 길어지는 시점인 동지에 태양신께 제사를 지냈어요. 태양이 죽음에서 부활하는 때라고 믿었거든요.
  동지는 '작은 설'이라고 불릴 만큼 중요한 절기였어요. 동짓날은 팥죽을 먹으면서 나쁜 기운을 쫓아냈지요. 붉은 팥이 귀신을 물리치는 힘이 있다고 믿었기 때문이에요.

- **소한** – 양력 1월 5, 6일 무렵을 말해요. 소한은 작은 추위를 뜻해요. 다음 절기인 대한은 큰 추위를 말하지요. 하지만 소한이 대한보다 더 추워요. 전해지는 말 중에는 '대한이 소한 집에 놀러왔다가 얼어 죽었다.'는 우스갯소리도 있어요. 그만큼 소한은 추운 절기예요.

- **대한** – 양력 1월 20, 21일 무렵을 말해요. 24절기의 마지막이지요. 우리 경우에는 소한이 더 춥지만 중국에서는 대한이 더 추워요. 24절기는 중국을 기준으로 만들었기 때문에 우리랑 차이가 있는 것이지요.

우리나라의 큰 명절에 대해 살펴볼까요?

▶ 설날

설은 새해 첫날로 음력 1월 1일이에요. 설은 지난해를 떨치고 새롭게 맞이하는 한 해의 시작을 의미하는 것이지요.
설에는 차례를 지내요. 조상의 덕을 기리고 자신의 근본을 기억한다는 뜻으로 차례를 지낸답니다. 차례가 끝나면 친척들과 한 자리에 모여 앉아서 떡국을 먹어요. 그리고 웃어른께는 "새해 복 많이 받으세요."라는 인사와

설날의 풍경 모형

함께 세배를 올린답니다. 설에는 새로 시작되는 한 해의 운수를 점치기도 하고 풍년을 기원하기도 해요. 차례와 성묘를 다녀와서는 재미난 놀이를 하지요. 윷놀이와 연날리기가 대표적이에요.

▶ 대보름

쥐불놀이

대보름은 음력 1월 15일이에요. 대보름날에는 아침 일찍 일어나서 부럼을 깨물어야 해요. 호두, 땅콩, 잣같이 껍질이 딱딱한 과실을 부숴서 먹으면 일 년 내내 평화롭게 지낼 수 있다고 믿기 때문이에요. 대보름에 먹는 것이 한 가지 더 있어요. 바로 '귀밝이술'이에요. 재밌는 이름이지요? 이 술을 마시면 한 해 동안 좋은 소식만 들을 수 있다고 해요. 대보름날에는 한 해 동안의 행복을 기원하고, 화를 멀리하는 풍속을 행해요. 밤이 되면 보름달을 맞이하기 전에 놀이를 하지요. 지신밟기와 쥐불놀이가 대표적이에요.

▶ 한식

한식은 보통 동지에서 105일 지난 날이에요. 하루가 더 지나는 경우도 있지요. 설날, 단오, 추석과 더불어 우리나라 4대 명절에 속한답니다. 한식에는 자손들이 조상들의 묘를 돌보고, 차례를 지내요. 조상의 은덕을 기억하고 숭배하기 위해서이지요.
한식에는 나무를 옮겨 심어도 쉽게 죽지 않고 잘 자라요. 그리고 한식 이후부터는 찬밥을 먹기 시작해요.

▶ 단오

음력 5월 5일이에요. 설날, 추석과 함께

단오풍경(신윤복 그림)

단오에 장터의 모습을 담은 모형

단오에 장터에서 그네 타는 모형

3대 명절에 속한답니다. 조상들은 5월 5일이 볕이 가장 강한 날이라고 여겼어요. 이 날은 맛있는 음식을 장만해서 차례를 지냈어요. 단오가 되면 평소 외출을 하지 못했던 여인들이 자유롭게 바깥 나들이를 했어요. 창포물로 머리를 감고 밖에서 그네를 뛰었지요. 남자들은 씨름을 했어요. 기운이 가장 왕성한 날이며 농사에서도 중요한 날이었지요.

▶ **추석**

음력 8월 15일이에요. 설과 함께 우리 민족에게 가장 큰 명절이지요. 가장 큰 보름달이 둥실 뜨는 날이랍니다. 추석은 명절 가운데서도 가장 풍요로운 계절이에요. 수확물을 거두는 계절이기 때문이지요. 이 날은 햇곡식으로 음식을 만들고 조상께 제사를 지내고 성묘를 했습니다. 추석이 되면 많은 지역에서 강강술래와 줄다리기를 했어요. 지방에 따라서는 소놀이와 거북놀이를 하기도 했어요.

빚을 갚아 나라를 구하자

대한제국은 일본의 계략에 휘말려 엄청난 빚을 지게 되었습니다.
이 빚으로 대한제국은 일본의 음모에 빠지는 듯 했으나 백성들은 이를 지켜보고만 있지 않았습니다.

1907년, 대구 대동광문회의 이름을 단 선언문이 돌았습니다.

2천만 동포 여러분, 우리 동포 한 사람이 65전씩만 내면 나라의 빚을 갚을 수가 있습니다. 우리가 매달 담뱃값 20전씩만 아껴서 석 달만 모으면 되는 돈입니다. 하루 빨리 빚을 갚지 못하면 우리나라는 일본의 손아귀에 넘어갈 것입니다.

○ 국채 보상 운동 기념 공원(대구)

나중에 국채 보상 운동이라고 이름 붙여진 이 운동은 왜 시작되었을까요? 말 그대로 대한제국이 일본에 진 빚 때문이었습니다. 이 무렵 대한제국은 무려 1,396만 원이라는 돈을 일본에 빚지고 있었지요. 이 액수는 당시 금액으로는 엄청난 금액이었답니다.

그렇다면 누가 일본으로부터 그토록 많은 돈을 빌렸고, 또 어디에 썼을까요?

일본으로부터 돈을 끌어온 사람은 뜻밖에도 우리나라 사람이 아니었습니다. 수시로 일본으로부터 차관(외국으로부터 돈을 빌려오는 것을 말해요)을 들여온 사람은, 대한제국 정부의

재정 고문(나랏돈을 관리하는 직책이에요) 메카다 다네타로란 사람이었습니다.

메카다 다네타로는 1904년 한일 협약이 맺어진 뒤 우리나라에 건너와 툭하면 일본으로부터 돈을 끌어왔습니다.

"지금 대한제국에는 해야할 일이 너무 많습니다. 대한제국이 발전하려면 서둘러 오래된 제도를 고치고, 새 건물을 짓고 해야하는데 그러기 위해서는 많은 돈이 필요합니다."

이렇게 하여 빚을 지게 된 것인데, 일본은 그 돈을 대한제국을 발전시키는 데 쓰기보다는 일본 경찰을 늘리고 대한제국의 제도를 자신들의 입맛대로 바꾸는 데 사용했습니다. 대한제국의 사람들을 위해서 쓰인 돈은 한 푼도 없었습니다.

돈을 마구 끌어다 쓴 그 목적은 뻔했습니다. 빚을 질수록 대한제국 정부의 경제가 일본에 예속되기 때문입니다. 일본의 목적은 대한제국의 경제 토대를

약하게 하여 일본에 의지하게 만드는 것이었습니다.

국채 보상 운동은 하루라도 빨리 빚을 갚아야만 나라의 주권을 되찾을 수 있다는 자각에서 시작된 모금 운동입니다.

모금 운동은 눈 깜빡할

사이에 전국적으로 번졌습니다. 남자들은 담뱃값을 아껴 돈을 냈고, 학생들은 책값을 아껴 모금 운동에 참여했습니다. 심지어 스님과 기생들까지 이 운동에 참여했습니다. 멀리 해외에 있는 교포들도 돈을 보내왔고, 황제와 높은 벼슬아치들도 얼마씩의 돈을 냈습니다. 그뿐만이 아니었습니다.

"나는 오늘 하루에 번 돈 전부를 국채 보상 운동에 내놓겠소. 꼭 빚을 갚아 주시오."

"우리는 시집올 때 가져온 금가락지를 팔고 반찬 값을 아껴서 모은 돈을 내겠어요."

하루 벌어 하루 먹고 사는 노동자들과 가정주부까지 모금 운동에 참여했습니다. 〈대한매일신보〉, 〈황성신문〉, 〈만세보〉는 이러한 모금 운동을 크게 알렸

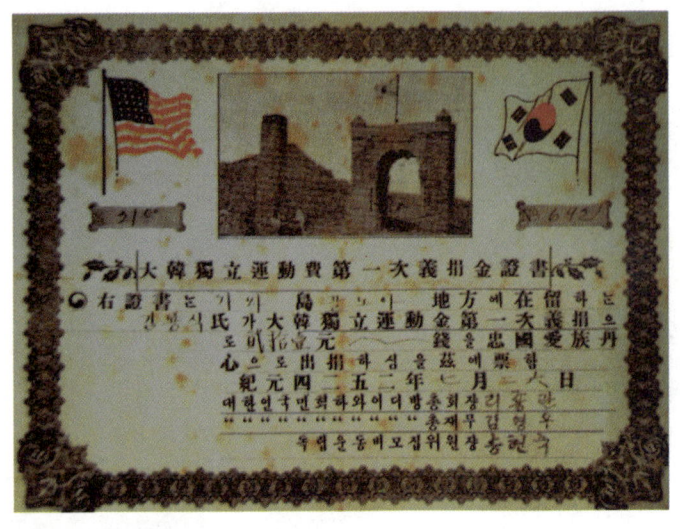

▲ 미국에서 발행된 독립 기부금 수령증

✓ **양기탁**

독립 운동가이자 언론인으로 영국인 E.T.베셀과 영자 신문 〈코리아타임즈〉를 발간하였고 그 뒤, 〈대한매일신보〉를 창간하였습니다. 신민회를 조직하고 미국 의회 의원단에 독립 진정서를 제출하는 등 항일 운동을 펼치다가 투옥됩니다.

▲ 양기탁

습니다. 어떤 단체에서는 강연회를 열어 모금 운동을 돕기도 했습니다.

이런 움직임에 힘입어 대구의 대동광문회의 서상돈과 김광제를 비롯한 열여섯 명의 사람들이 모여 국채 지원금 수합 사무소를 만들었습니다. 그리고 본격적으로 모금 운동을 펼치기 시작했습니다.

서울에서는 양기탁과 영국인 신부 베셀이 국채보상기성회를 만들어 지원했습니다. 그러한 활동 덕분에 모금액은 석 달 만에 2백 30만 원이 넘었습니다. 그러자 많은 사람들이 자신감을 갖고 더 적극적으로 모금 운동에 뛰어들었습니다.

그러나 가만히 두고 볼 일본 사람들이 아니었습니다. 일본 사람들은 모금 운동을 한 단체들을 강제로 해산시키고 그 단체에 속한 사람들을 수시로 협박했습니다. 심지어 모금 운동을 도왔다는 이유로 베셀 신부까지 추방하려 했습니다.

그러던 중 1908년에는 급기야 양기탁을 잡아들이기에 이르렀습니다.

"양기탁은 국채보상기성회의 책임자로 있으면서 대한매일신보사가 보관하고 있던 모금액 3만 원을 횡령하였소."

일본 경찰은 그런 이유를 들어 양기탁을 잡아 가두었습니다. 양기탁이 붙잡히자 모금 운동은 활력을 잃었습니다. 뿐만 아니라 일본의 방해와 탄압도 더욱 심해졌습니다. 그러자 모금 운동을 주도했던 지도자들마저 흔들리기 시작했습니다. 결국 모금 운동은 더 이상 성과를 거두지 못하고 끝이 났습니다.

하지만 국채 보상 운동은 일본에 대한 항일 의식을 키우고 애국심을 불러일으킨 역사적인 운동이었습니다.

✔ 제2의 국채 보상 운동

국채 보상 운동은 대한제국 때 일본으로부터 빌려 쓴 돈을 갚기 위해 벌인 모금 운동입니다. 비록 통감부와 일진회의 압력으로 중지되었지만 국가를 살리기 위한 백성들의 애국심은 높이 평가 되었지요. 이러한 우리 민족의 애국심은 나라가 어려울 때마다 발휘되어 1997년 IMF 때 금 모으기 행사를 전국적으로 펼쳤는데, 이를 두고 사람들은 제2의 국채 보상 운동이라 일컬었습니다.

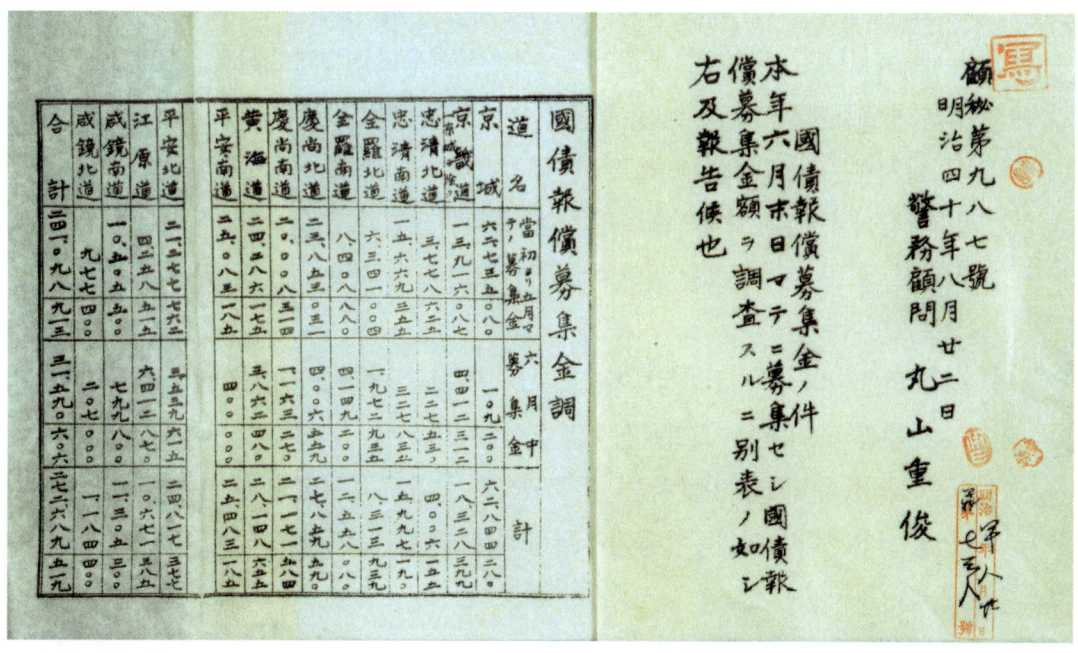

◐ 국채 보상 운동 기금 모금 집계표

저기요, 선생님! 이런 게 궁금해요
빚을 갚아 나라를 구하자

헤이그 밀사 사건

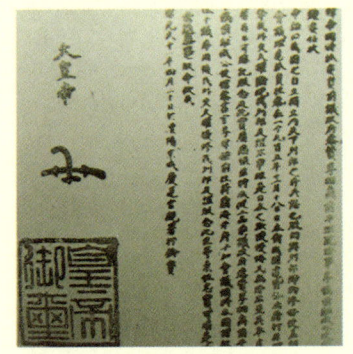
고종의 밀서

을사조약을 맺은 뒤, 일본은 대한제국의 외교권을 박탈하고 외국에 나가있던 사신들까지 불러들였어요. 그럼으로써 조선은 외국에 대해 독립된 주권을 행사할 수가 없었지요. 그러던 1907년 초, 네덜란드 헤이그에서 전세계 26개국 대표가 참석하는 만국평화회의가 열린다는 소식이 들려왔어요. 이때 고종 황제는 생각했어요.
'옳지! 헤이그에 특사를 파견해 을사조약을 부당함과 대한제국의 억울한 상황을 널리 알려야겠구나!'

그런 생각에 이른 고종 황제는 의정부 참찬이었던 이상설과 평리원 검사였던 이준을 불러 헤이그에 가줄 것을 부탁했어요. 고종 황제는 그들에게 신임장과 아울러 회의를 소집한 러시아 황제 니콜라이 2세에게 보내는 친서를 주었지요. 두 사람은 우선 상트페테르부르크(레닌그라드)에 들러 러시아 황제에게 고종 황제의 친서를 전달하고 곧바로 전 러시아 공사관 서기였던 이위종과 동행하여 1907년 6월 25일 헤이그에 도착했어요. 그런 직후, 세 사람은 회의의 의장을 맡고 있던 러시아 대표 넬리도프를 찾아갔어요.
"회의에 참석하여 일본의 협박으로 맺은 을사조약이 불법임을 알릴 수 있게 해주십시오."
하지만 넬리도프는 이 문제를 회의 주최국인 네덜란드에 미뤘어요. 그러자 네덜란드 대표는 난색을 표했어요.
"을사조약은 이미 여러 나라 정부에서도 승인했으므로 대한제국의 자주적인 외교권은 인정할 수가 없습니다. 따라서 회의에 참석할 수 없습니다."
미국인 하버트를 비롯한 몇몇 사람들이 도왔지만, 끝내 고종 황제의 특사는 회의에 참석할 수가 없었습니다. 다만 이위종이 곧이어 열린 국제협회에서 네덜란드 언론인 W. 스테드의 주선으로 연설할 기회를 얻었는데, 이때 이위종은 유창한 프랑스어 실력으로 대한제국의 억울함을 호소했습니다. 하지만 일본은 이 사건의 책임을 물어 고종 황제를 강제로 폐위시키고 순종을 즉위시켰습니다(1907년 7월 20일).

군대 해산과 의병 전쟁

융희 황제(순종)가 즉위하자마자 일본은 재빨리 대한제국을 무력화시켰습니다. 언론을 철저히 감시하고 탄압하기 위해 신문지법(1907년 7월 27일)을 공표하였고, 이틀 뒤에는 집회 결사를 금지하는 보안법을 제정했습니다.

그리고 1907년 7월 31일의 밤, 완전무장을 한 일본군이 한양 거리를 물샐틈없이 경계하더니, 이어서 일본군 사령관 하세가와 · 총리대신 이완용 · 군부대신 이병무가 총칼을 찬 채 융희 황제를 찾아가 서류 한 장을 내밀었습니다. 그것은 대한제국의 군대를 해산한다는 명령서였습니다. 위협에 못이긴 융희 황제는 명령서에 도장을 찍었고, 마침내 대한제국의 군대는 강제로 해체되었습니다.

이 소식은 순식간에 전국으로 퍼졌습니다. 곳곳에서 의병이 일어나기 시작했지요. 이 의병들은 특히 군대 해산에 불만을 품은 군인들과 손을 잡고 빠르게 큰 세력이 되었습니다.

강원도 원주에서 시작된 의병의 불길은 곧바로 여주와 양구로 번졌고, 이 의병들은 해산된 군인들과 손잡고 일본군과 싸웠습니다. 또한 이강년(李康年)과 신돌석은 서로 힘을 합해 경상도 문경에서 일본군 부대와 싸워 이겼고, 그 이후로도 크고 작은 싸움들이 전국 곳곳에서 벌였습니다. 물론 기관총과 수류탄으로 무장한 일본군의 신식 무기 때문에 의병들은 고전을 면치 못했습니다. 하지만 1910년까지 모두 14만 2천 명에 달하는 의병이 일어났고 싸움만 3천 번 가까이 치렀습니다.

해산되기 직전 왕실을 호위하던 대한제국 군인

안중근의 넷째 손가락은 왜 짧을까

하얼빈에 이토 히로부미가 도착한다는 소식이 들리자
안중근은 민족의 원수 이토 히로부미를 암살하기 위해 계획을 세웁니다.

1907년 일본은 대한제국에 대해 강제로 한일신협약(정미7조약이라고도 해요)을 맺었습니다. 그 조약의 내용은 '대한제국의 모든 일은 일본의 감독과 승인 아래에서만 행해야 한다.'는 것이었습니다. 뿐만 아니라 일본은 우리나라의 군대를 해산하고 삼림과 광산 채광권을 빼앗아 버렸습니다.

바로 이 무렵, 스물아홉 살이었던 안중근이 러시아 땅 블라디보스토크로 떠났습니다. 그리고 이듬해에 의병 부대를 조직해 일제에 무력으로 대항하기 시작했습니다.

안중근은 그해 7월, 의병 3백 명을 이끌고 함경도 경흥 지방으로 진출해 일본군

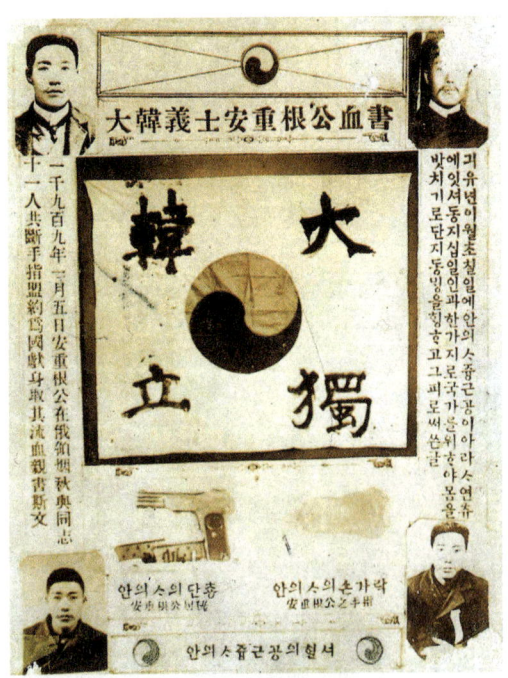

◐ 안중근이 단지 동맹을 결성한 후 혈서로 쓴 글씨가 담겨진 엽서

50여 명을 사살하는 승리를 거두었습니다.

또한 곧바로 회령으로 진격해 13일 동안 30여 차례의 전투에서도 승리를 이어갔습니다.

1909년 2월, 엔치아 부근의 카리 마을에서 안중근은 단지 동맹을 결성했습니다. 김기룡, 강기순, 정원주를 비롯한 열한 명의 동지들이 단지 동맹에 참여했습니다. 단지 동맹이란 손가락을 잘라 맺은 동맹이라는 뜻이지요.

그들은 왼쪽 약지를 자르고 철철 흘러내리는 피로 태극기에 '대한 독립'이라고 썼습니다. 그런 뒤 큰 소리로 외쳤습니다.

"만세! 대한 독립 만세!"

그러던 1909년 가을, 안중근은 블라디보스토크에서 뜻밖의 소식을 들었습니다. 침략의 원흉 이토 히로부미가 하얼빈을 방문한다는 것이었습니다.

"이토 히로부미란 자가 대한제국을 병합하고 만주까지 점령하려는 계획을 논의하기 위해 러시아 재무 대신 코코프체프를 만나러 온답니다."

이때 안중근은 생각했습니다.

> ✓ **안중근**
>
> 독립 운동가로 남포에 학교를 세워 인재 양성에 힘쓰다가 1907년 연해주로 망명하여 의병 운동을 시작합니다. 그리고 1909년 만주 하얼빈 역에서 이토 히로부미를 암살하여 사형되었습니다. 그가 죽은 다음 1962년, 공을 인정하여 건국훈장 대한민국장이 내려졌습니다.

'침략의 우두머리, 이토 히로부미를 없앨 수만 있다면 나라의 독립을 하루라도 앞당길 수 있을지 모른다!'

이윽고 안중근은 동지 정재관, 김성무와 함께 이토 히로부미를 암살할 계획을 세웠습니다. 그리고 그해 10월 21일 이토 히로부미가 방문할 하얼빈으로 떠났습니다.

장부가 세상에 나옴에 그 뜻이 크도다
때가 영웅을 만들고 영웅이 때를 만드는구나
천하를 굽어보니 어느 날에 뜻을 이룰고
동풍이 점점 차가우나 장사의 뜻이 뜨겁다
분함은 한번 갔으니 반드시 목적을 이루리로다

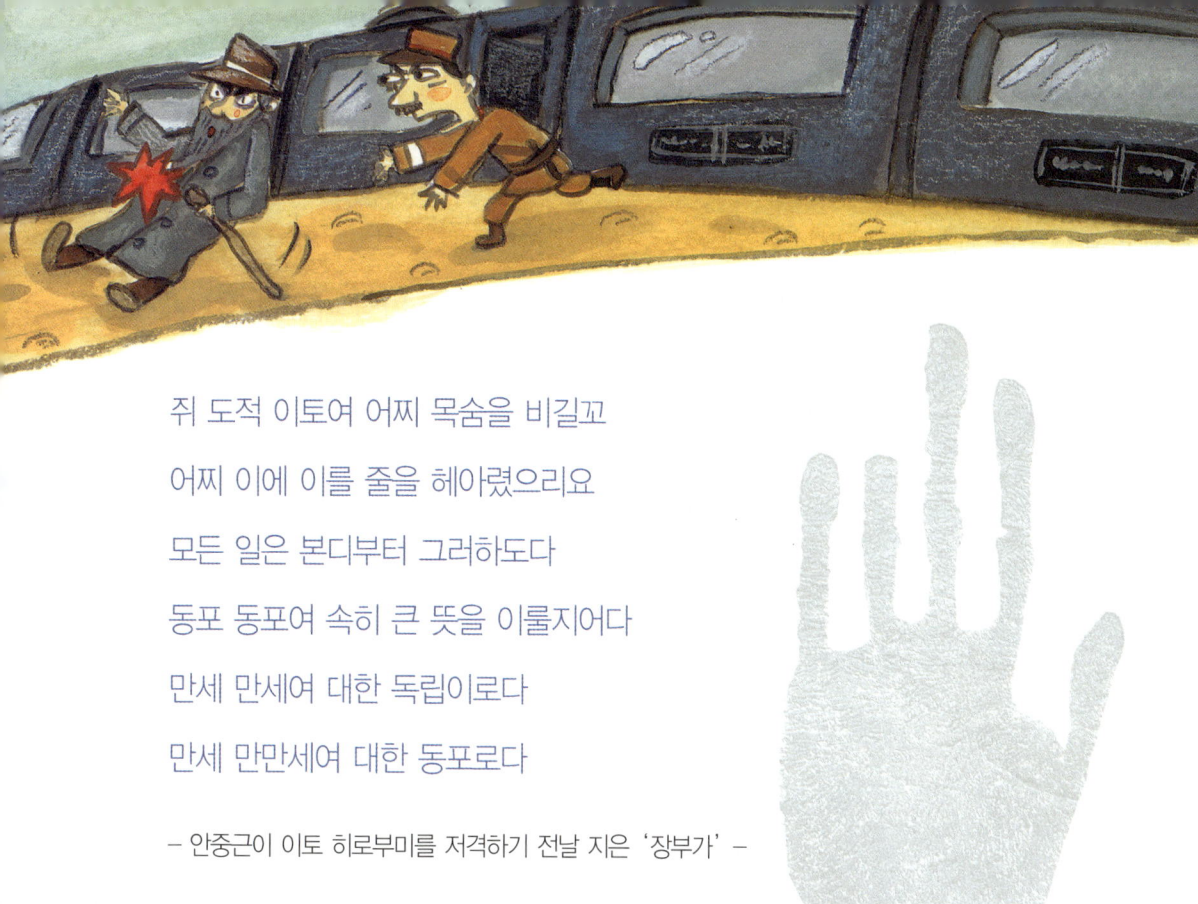

쥐 도적 이토여 어찌 목숨을 비길고
어찌 이에 이를 줄을 헤아렸으리요
모든 일은 본디부터 그러하도다
동포 동포여 속히 큰 뜻을 이룰지어다
만세 만세여 대한 독립이로다
만세 만만세여 대한 동포로다

– 안중근이 이토 히로부미를 저격하기 전날 지은 '장부가' –

  1909년 10월 26일 아침 7시. 안중근은 하얼빈 역에 도착했습니다. 안중근은 모든 준비를 끝내고 역 안의 찻집에서 이토 히로부미가 도착할 때를 기다렸습니다. 수많은 환영객과 러시아 군인들이 미리 대기하고 있었습니다.
  오전 9시, 이토 히로부미가 탄 열차가 도착했습니다. 이토 히로부미는 곧 열차에서 내려 러시아 의장대의 검열을 받기 시작했습니다. 이때 안중근은 러시아군 뒤에서 숨을 죽이며 기다리고 있었습니다. 얼마나 시간이 지났을까? 몇 분 몇 초의 시간이 안중근에게는 일 년의 시간보다 길었습니다.
  이윽고 이토 히로부미가 안중근이 서 있는 곳으로부터 열 걸음 앞까지 다가왔습니다. 안중근은 재빨리 품안의 권총을 꺼내 들었습니다. 그리고 이토 히로부미의 심장을 향해 쏘았습니다.

✔ 안중근과 발렌타인데이?

해마다 2월 14일은 발렌타인데이라고 하여 친구나 연인끼리 초콜릿을 주고받곤 합니다. 하지만 우리는 이날을 꼭 기억해야 할 이유가 따로 있답니다. 2월 14일(1910년)은 안중근 의사가 일본의 법정으로부터 사형을 언도받은 날이기도 합니다. 안중근은 이날도 자신은 대한의용군 자격으로 이토를 총살했다며, 오히려 일본 법정을 향해 꾸짖었답니다. 이날 우리 모든 민족이 가슴아파했고, 심지어 중국의 여러 지도자들도 안타까움을 표했다고 합니다. 그리고 얼마 후, 그는 형장의 이슬로 사라졌지요.

"탕! 탕! 탕!"

세 발이 명중했습니다. 이토 히로부미의 가슴에서는 피가 흘렀고 그는 곧 땅바닥에 쓰러졌습니다. 안중근은 그 주변에서 수행하던 사람들을 향해 네 발을 더 쏘았습니다.

곧 이토 히로부미를 뒤따르던 하얼빈 일본 총영사인 가와카미 도시히코, 비서관 모리 타이지로, 남만주철도 이사 다나카 세이타로 등이 차례로 쓰러졌습니다. 바로 그 순간, 러시아 헌병들이 안중근을 덮쳤습니다. 이때 안중근은 소리쳤습니다.

"코레아 우라! 코레아 우라!"

그것은 "대한 만세!"라는 뜻입니다.

이토 히로부미가 죽었다는 소식은 순식간에 전 세계에 퍼졌습니다. 온 나라 사람들이 놀랐고 특히 중국 사람들은 자기들의 일처럼 기뻐하며 안중근을 칭찬했습니다. 심지어 중국의 최고 위치에 있던 주석 원세개는 시를 지어 안중근을 칭송하기도 했습니다.

안중근은 체포된 뒤, 잠시 러시아 헌병대의 심문을 받았습니다. 그러나 안중근은 곧바로 일본측에 넘겨졌습니다. 그리고 뤼순에서 온 미조부치 다카오 검찰관에게 조사를 받아야 했습니다.

◐ 안중근 동상

검찰관이 물었습니다.
"왜 이토 히로부미를 죽였느냐?"
안중근은 또박또박 그리고 분명하게 대답했습니다.
"이토 히로부미는 열다섯 가지의 죄를 지었소."
안중근이 말한 이토 히로부미의 열다섯 가지 죄는 이랬습니다.

하나, 대한제국의 명성황후를 죽인 죄
둘, 고종 황제를 왕의 자리에서 내쫓은 죄
셋, 을사조약과 한일 신협약을 강제로 맺은 죄
넷, 독립을 요구하는 죄 없는 한국인들을 마구 죽인 죄
다섯, 정권을 강제로 빼앗아 통감 정치 체제로 바꾼 죄
여섯, 철도, 광산, 산림, 농지 등을 강제로 빼앗은 죄
일곱, 제일은행권 지폐를 강제로 사용하여 경제를 혼란에 빠뜨린 죄
여덟, 한국 군대를 강제로 해산시킨 죄
아홉, 민족 교육을 방해한 죄
열, 한국인들의 외국 유학을 금지시키고 한국을 식민지로 만든 죄
열하나, 한국사를 없애고 교과서를 모두 빼앗아 불태운 죄

열둘, 한국인이 일본인의 보호를 받고자 한다고 세계에 거짓말을 퍼뜨린 죄
열셋, 현재 한국과 일본에 전쟁이 끊이지 않고 있는데, 한국이 아무 탈 없이 편안한 것처럼 일본 천황을 속인 죄
열넷, 대륙을 침략하여 동양의 평화를 깨뜨린 죄
열다섯, 일본 천황의 아버지를 죽인 죄

그 말을 듣고 미조부치 다카오 검찰관은 매우 놀랐습니다. 그는 이토 히로부미와 같은 일본 사람이면서도 안중근에게 속으로 감탄하고 있었습니다.

"그대의 말을 들으니 진정 그대는 범죄자가 아닌 의사요."

그렇지만 결국 안중근은 재판정에서 사형을 선고 받았습니다.

재판정에서 안중근은 자신이 의거를 일으킨 이유를 이렇게 말했습니다.

"내가 이토 히로부미를 죽인 것은 한국 독립 전쟁의 한 부분이요. 또 내가 일본 법정에 서게 된 것도 전쟁에 패배하여 포로가 되었기 때문이다. 나는 개

◐ 안중근이 마지막 유언을 남기는 모습

인의 자격으로 이 일을 한 것이 아니라, 한국군 참모 중장의 자격으로 조국의 독립과 동양의 평화를 위해서 한 것이다. 그러니 만국 공법에 의해 처리하도록 하시오."

재판정 안에 있던 사람들은 눈시울을 붉혔습니다. 일본인 재판관마저 안중근의 의연함에 머리를 숙였습니다.

안중근은 1910년 3월 26일, 형장의 이슬로 사라지고 말았습니다. 그 전날, 안중근은 두 동생들에게 이런 유언을 남겼습니다.

내가 죽은 뒤에 나의 뼈를 하얼빈 공원 곁에 묻어 두었다가, 우리나라가 주권을 되찾거든 고국으로 옮겨다오. 나는 천국에 가서도, 또한 우리나라의 독립을 위해 힘쓸 것이다. 너희들은 돌아가서 국민 된 의무를 다하며, 마음을 같이하고 힘을 합하여 큰 뜻을 이루도록 해 다오. 대한 독립의 소리가 천국에 들려오면 나는 춤추며 만세를 부르리라.

저기요, 선생님! 이런 게 궁금해요

안중근의 넷째 손가락은 왜 짧을까

한일 병합은 어떻게 이루어진 건가요?

을사조약을 체결할 때 일본의 편에 서서 나라를 팔아먹은 사람들이 있었어요. 이완용과 송병준 등을 비롯한 친일 세력이지요. 이들은 일진회를 만들어서 황제를 위협했어요. 친일 세력은 조선의 제27대 임금이자 마지막 황제인 순종을 찾아가서 대한제국과 일본이 합쳐야 한다는 주장을 했지요.

1909년 친일 세력은 노골적으로 음흉한 속내를 보이며 주장을 펼칩니다.

"일본이 보다 강하게 조선을 통치해야 합니다. 그래야 다른 마음을 먹지 않고 순순히 일본의 뜻을 따르지 않겠소?"

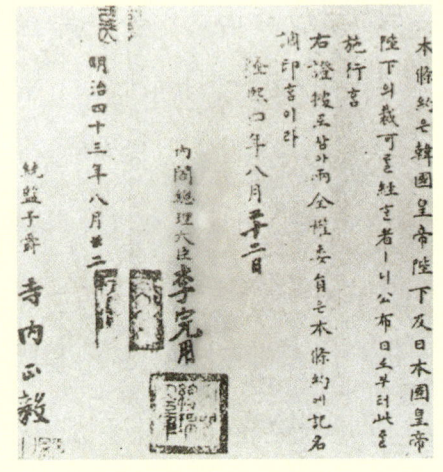

○ 〈한일 병합 조약서〉 원문

"맞습니다. 그래야 다시는 안중근 같은 인물이 나오지 않을 테지요."
"뭔가 새로운 변화가 필요합니다. 일본과 우리나라가 하나가 되는 건 어떻겠습니까?"
이 말을 한 것은 이완용이었어요. 친일파 중에서도 대표적인 인물로 꼽히는 자예요.
"일본과 하나가 된다는 말이 무슨 뜻이지요?"
이완용은 기다렸다는 듯이 대답을 했어요.
"한일 병합을 하자는 거지요. 우리가 먼저 일본에게 요청을 하는 건 어떻겠습니까?"
이 말이 나오자 순간 사람들이 조용해졌어요. 이미 을사조약으로 일본이 대한제국을 통치하는 것과 다를 바가 없는 상황이었으니까요. 한일 병합을 하게 되면 나라 이름이 없어지는 건 물론이고 대한제국이 완벽하게 일본의 것이 되는 것이었지요. 일진회(일본에 충성하기 위한 모임) 사람들은 그 말이 무슨 뜻인 줄 알면서도 고개를 끄덕였어요.
12월 4일, 이완용은 한일 병합을 원한다는 문서를 들고 일본 통감을 찾아갔어요. 일본에서는 마다할 이유가 없었겠지요. 당시 대한제국 통감으로 임명된 사람은 데라우치였어요. 그는 한일 병합을 위해 온 힘을 쏟았답니다.
그가 가장 먼저 한 행동은 대한제국의 경찰을 해산시킨 일이었어요.
"모든 것은 우리 일본이 알아서 할 것이오. 그러니 대한제국의 경찰은 모두 해산하시오."
데라우치는 융희 황제(순종)를 협박해서 원하는 바를 순조롭게 진행

○ 한일 병합 기념 메달

시켜 나갔어요. 친일 세력 역시 황제를 위협했지요. 순종은 할 수 없이 그들의 요구를 들어주었어요.
1910년 6월 24일 대한제국의 경찰권은 모두 일본에게 넘어갔어요. 일본은 경찰권을 강화시키고, 대한제국의 백성들을 하나하나 감시하기 시작했어요. 일본의 무력이 전국을 장악했지요. 2천 명이 넘는 헌병을 뽑았고, 이것도 부족해서 경찰 5천 명을 배치했어요. 헌병을 보조하는 인원만 해도 4천 명이 넘었지요.
1910년 8월 22일은 대한제국의 국호가 완전히 사라지는 날이었답니다. 일본은 대한제국이
일본의 속국이라는 문서를 가지고 와서 도장을 찍게 했어요. 이완용이 총리대신으로서 이 조약을 체결했지요.
서로 도장을 찍은 조약서를 〈한일 병합조약서〉라고 해요. 이완용은 반만년 우리 역사에 결코 씻을 수 없는 죄를 저질렀지요.

○ 조선의 마지막 황제, 순종(아래 왼쪽)과 가족들

한일 병합 이후에 달라진 게 무엇이 있나요?

한일 병합이 이뤄진 이후에 일본은 순종의 지위부터 바꿨어요. 황제에서 왕으로 호칭을 깎아내린 거예요. 일본은 대한제국 황실의 권위를 대폭 축소하면서 일본 황실의 감시 아래 두었지요. 게다가 대한제국의 국호도 다시 조선으로 바꾸었답니다.

이제 조선에서 가장 큰 권력을 가진 사람은 총독이었어요. 조선 총독부를 대표하는 사람이지요. 조선 총독부는 1910년부터 1945년 광복까지 무려 35년 동안이나 우리나라를 통치한 기관이었어요. 총독부의 주요 관직은 모두 일본인들이 차지했지요. 총독부에서 가장 먼저 한 일은 조선의 행정 구역을 바꾼 것이에요. 일본은 조선 사람들을 철저하게 감시할 필요성을 느꼈어요. 그래서 행정 구역을 13도 11부 3백 17군으로 편성하고, 면을 통치 단위로 삼았지요. 면장은 친일 세력이 맡았어요. 같은 조선 사람이었지만 일본의 편에 서서 고을을 다스렸기 때문에 일본 사람이나 다름없었지요.

○ 영친왕과 이토 히로부미

일본은 무력을 사용해서 가혹한 통치를 했어요. 경찰과 헌병도 일본이 맡아 지휘하면서 조선 사람들에 대한 감시와 처벌도 강화되었지요. 원래 경찰과 헌병의 주된 일은 범죄를 저지른 사람을 처벌하고 치안을 담당하는 역할이었어요. 하지만 이들은 의병들을 공격하거나 독립군을 감시하는 일까지 맡았답니다. 무엇보다 놀라운 것은 헌병 경찰은 재판을 거치지 않고 조선 사람들을 처벌할 수 있는 권한이 있었다는 점이었어요. 이 때문에 억울하게 목숨을 잃은 사람도 무척 많았지요.

일본은 종교의 자유까지 빼앗았답니다. 일본의 허락 없이는 사찰에 출입할 수 없었고, 조선의 불교를 일본식으로 바꾸었어요. 심지어 일본 천황을 참배할 것을 강요하기도 했지요.

일본은 언론을 자기네 멋대로 감시했어요. 처음에 일본은 영국 사람이 발행한 〈대한매일신보〉를 함부로 검열하지 않았어요. 하지만 신채호나 박은식 같은 논설위원이 일제의 탄압에 반대하는 글을 올리자 발행을 금지시켰어요. 결국 이런식으로 대부분의 잡지가 강제로 폐간

되었답니다. 조선 사람들의 눈과 귀까지 꽁꽁 막으려는 심사였지요. 금지시킨 것 중에는 〈초등대한력사〉같은 교과서도 있었어요. 애국 독립에 대한 내용을 담았기 때문이지요.
학교 선생님들은 일본인 복장을 하고 긴 칼을 차야 했어요. 수업 시간에 한국어로 교육하는 것도 금지했어요. 교사들이 학생들에게 가르친 것은 이런 것들이었지요.

○ 조선 총독부 건물로 쓰던 옛 중앙청

일본의 역사는 빛나는 것이다. 한국의 역사는 보잘 것 없고 부끄러운 것뿐이다.
또한 조선의 문화는 미개하며, 일본이 조선을 통치하지 않으면 발전할 수가 없다.

총독부가 한 일은 이것뿐만이 아니에요. 그들은 토지 조사 사업을 한다면서 조선의 땅을 구석구석 조사했어요. 조선의 땅을 자신들의 소유로 만들기 위해서였지요. 당시 조선에서는 땅의 소유권이 국가에 있었어요. 농민들은 땅을 경작할 수 있는 권리만 가지고 있었지요. 지금처럼 개인이 소유하는 개념이 아니었답니다. 일본은 이를 이용해서 조선의 토지에 대한 권리를 빼앗았어요. 토지의 40% 가량이 일본의 땅이 되었지요. 결국 농민들은 소작농 신세로 전락했고, 많은 세금을 내야 했어요. 이 돈은 일본 경찰을 늘리는 데 쓰였어요.
일제가 뺏은 것은 농토뿐만이 아니에요. 그들은 산까지 강제로 빼앗았지요. 그리고 '조선국유삼림미간지 및 삼림산물 특별 처분령'이라는 것을 발표했어요. 이를 통해 일본 사람들이 산을 소유하면서 산에 있는 나무와 귀한 약재들을 마음대로 빼앗았지요.
1915년에는 '조선광업령'을 내렸어요. 광물에 대한 권리까지 일본의 손에 넘어간 것이지요. 조선의 국토는 하나부터 열까지 일본의 소유가 되었어요. 일본 사람이 주인이 된 땅에서 조선 사람들은 노예와 같은 생활을 해야 했답니다.

○ 내선일체 비석. 일본인에 의해 세워진 것으로 '조선과 일본은 한 몸'이라는 뜻이 새겨 있다.

온 나라에 울려 퍼진 만세 소리

1918년 1월, 미국의 윌슨 대통령이 모든 민족은 정치적 운명을 스스로 결정할 권리를 가지고 있다며 '민족 자결주의'를 발표하자 독립에 대한 소망이 커지기 시작했습니다. 그리고 이것은 독립 운동으로 연결되었습니다.

모든 민족은 나라를 세울 수 있다

✅ **민족 자결주의**
1918년에 미국의 윌슨 대통령이 제창한 민족 자결주의는 '각 민족은 정치적 운명을 스스로 결정할 권리가 있으며, 다른 민족의 간섭을 받을 수 없다.'는 주장입니다. 파리 평화 회의에서 채택되어 식민지 국가의 독립 운동에 많은 영향을 끼쳤습니다.

한일 병합 조약 후, 각 지역에서 의병이 일어나고 민족을 계몽하여 나라를 되찾자는 운동이 전국적으로 퍼졌습니다. 이런 움직임을 두고 볼 수 없었던 일본은 헌병을 끌어들여 항일 독립투사들을 잡아 옥에 가두었고, 심지어 고문하고 죽이는 일마저 서슴지 않았습니다. 나아가 독립 운동의 씨를 말리기 위해 모든 언론 활동을 금지시키고 조선 사람들에게 교육의 기회를 빼앗았습니다.

그들은 우리의 문화를 말살하는 정책을 더욱 강하게 밀고 나가면서, 토지를 비롯한 금융과 광산, 그리고 철도를 비롯한 모든 경제 분야의 발전을 제한했습니다.

사정이 이렇게 되자 농민들은 제 땅을 잃고 화전민으로 전락하거나 생활의 어려움을 견디지 못해 간도와 만주로 이주하며 떠돌이 생활을 시작했습니다. 그 때문에 일본에 대한 반항심은 점점 커졌습니다. 그러던 1918년 1월, 미국의 윌슨 대통령이 민족 자결주의를 발표했습니다.

> 세상의 모든 민족은 정치적 운명을 스스로 결정할 권리를 가지고 있습니다. 따라서 다른 민족의 간섭을 받을 수 없습니다. 말하자면 인간이 개인으로서 기본적인 인권을 가진 것과 마찬가지로 민족이라는 공동체도 민족 자결권이라는 기본적 권리가 있는 것입니다. 특히 식민지로서 억압받고 있는 민족이 다른 나라의 지배로부터 벗어나 자기 나라, 자기 국가를 수립하는 권리를 가져야 할 것입니다. 이에 따른 민족 운동은 어디서든 정당화되어야 합니다.

✔ **윌슨 대통령**

미국의 제28대 대통령. '민주주의를 위한 전쟁'을 주장. 제1차 세계 대전 때 독일에 선전 포고하였으며 전쟁 후 국제 연맹의 창설에 기여하여 1919년에 노벨 평화상을 받았습니다.

이 발표문에 힘을 얻은 국내의 지식인들은 나라를 찾아야겠다는 생각을 가슴 깊이 새기게 되었습니다. 이런 와중에 고종 황제가 갑작스레 승하했습니다.

이때가 1919년 1월 21일이었습니다. 그런데 이상한 소문이 돌았습니다.

"고종 황제께서 일본인들에 의해 독살되었답니다."

그 소문은 삽시간에 전국으로 퍼졌습니다. 이 때문에 일본인에 대한 사람들의 증오는 폭발하기 일보 직전이었습니다.

그해 2월 8일, 일본 동경 한복판에서 만세 소리가 울려 퍼졌습니다. 바로 동경 기독교 청년 회관에서였습니다. 주인공은 동경에서 유학하고 있던 한국인 학생들이었습니다.

이들은 그전부터 조선 청년 독립단을 결성하고 민족 대회 소집 청원서와 독립 선언서를 작성한 뒤, 곧바로 송계백을 국내로 파견하여 독립 선언 운동의 일정과 의의를 알렸습니다. 동시에 이광수는 상해로 날아가 조선 독립 운동의 당연함을 국외에 알렸습니다.

그리하여 2월 8일, 독립 선언서와 민족 대회

　소집 청원서를 각국 대사관을 비롯한 일본 정부 등에 보낸 뒤, 유학생들은 기독교 청년 회관에 모여 독립 선언식을 거행한 것입니다. 학생 대표가 2·8 독립 선언서를 낭독했습니다.

　"조선 청년 독립단은 우리 2천만 민족을 대표하여 정의와 자유의 승리를 얻은 세계의 만국 앞에 독립을 이루기를 선언하노라……."

　그런 뒤 학생들은 목청 높여 대한 독립 만세를 외쳤습니다.

　"이제 거리로 나가 우리의 주장을 알립시다."

누군가 소리쳤고, 학생들은 일제히 청년 회관의 문을 열고 밖으로 나가기 시작했습니다. 그러나 문을 열었을 때, 문 앞에는 수백 명이 넘는 일본 경찰이 총칼을 들이대며 지키고 서 있었습니다. 결국 조선인 학생 27명이 강제로 붙잡혀 감으로써 2·8 독립 선언은 짧게 끝났습니다.

종교 지도자와 지식인 33인, 그리고 수천 명의 민중

그로부터 며칠이 지난 뒤 한양에서는 권동진과 최린, 그리고 천도교의 3대 교주 손병희가 은밀히 만나 독립 운동에 대해 이야기를 나누고 있었습니다.

"교주님, 동경에서 학생들이 독립 선언서를 발표했습니다. 우리도 이럴 게 아니라 서둘러 독립을 선언해야 합니다."

"알겠소. 그렇다면 우선 다른 종교의 지도자들도 함께 참여토록 하여 온 민족 모두가 일어서는 독립 운동이 되게 합시다."

두 사람은 즉시 기독교 쪽의 사람 이승훈과 불교 쪽의 한용운을 만나 이야기

독립 선언을 하기 위해 태화관에 모인 민족 대표들

를 나누었습니다. 어느 한 사람도 반대하지 않았습니다.

이윽고 여러 종교계의 지도자들과 지식인들이 한군데 모였습니다. 모두 33명이었습니다. 이들은 3월 3일에 전국에서 일제히 만세 운동을 일으키기로 의논을 했습니다. 그리고 2월 27일에는 사람들에게 나누어 줄 독립 선언서를 인쇄했습니다. 모두 2만 1천 장의 독립 선언서가 일본 헌병들 몰래 인쇄되었습니다. 모든 것이 준비되었고 33명의 지도자들은 3월 3일이 다가오기만을 애타게 기다리고 있었습니다.

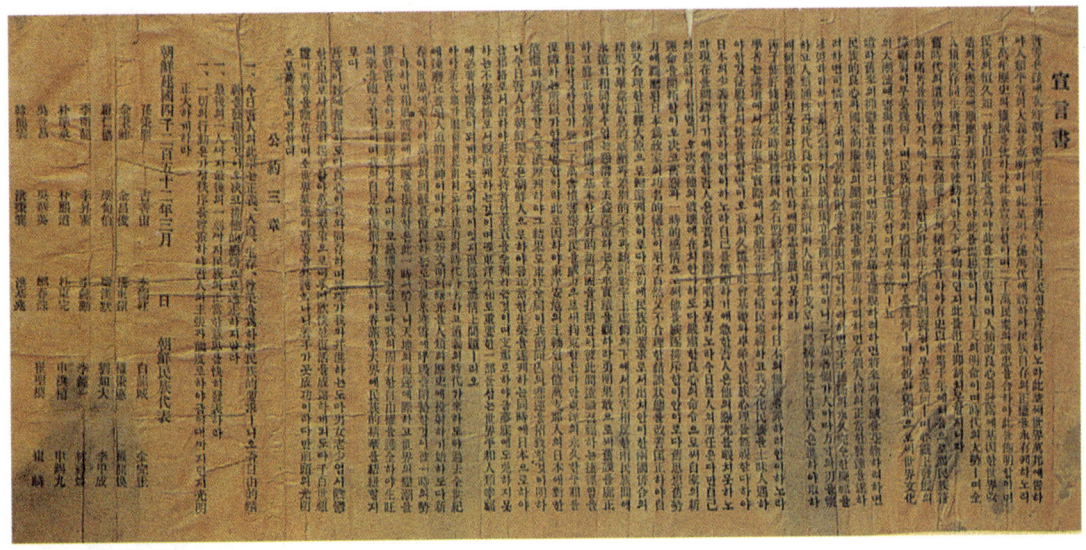

○ 독립 선언서

탑골 공원

서울특별시 종로 2가에 있는 공원입니다. 원래 조선 세조 때에 세워진 원각사가 있던 곳으로 광무 원년(1897)에 영국인 브라운이 설계한 우리나라 최초의 공원입니다. 3·1 운동 때 독립 선언문을 낭독한 곳으로 유명하며, 원각사지, 팔각정, 앙부일영의 대석, 13층 탑 등이 현재 남아 있습니다.

그런데 2월 28일, 갑작스레 거사 일이 변경되었습니다.

"아무래도 일본인들이 우리의 움직임을 눈치 챈 것 같소. 거사 일을 앞당기는 게 좋을 듯합니다. 뿐만 아니라 3월 3일은 고종 황제의 장례식이니 그런 날 나라 안팎을 시끄럽게 하는 것은 좋지 않을것 같소. 3월 1일이 어떻겠습니까? 장소도 탑골 공원이 아닌 태화관으로 옮겨서 독립 선언식을 거행합시다."

지도자들의 대표격인 손병희가 그렇게 제안했습니다. 다른 사람들도 모두 고개를 끄덕였습니다.

방방곡곡에서 터져 나온 만세 소리

이윽고 3월 1일 아침이 되었습니다. 태화관에 모인 민족 대표들은 떨리는 목소리로 독립 선언서를 읽어 내려갔습니다.

> 우리는 이에 우리 조선이 독립한 나라임과 조선 사람이 자주적인 민족임을 선언한다. 이로써 세계 만국에 알리어 인류 평등의 큰 도의를 분명히 하는 바이며, 이로써 자손 만대에 깨우쳐 일러 민족의 독자적 생존의 정당한 권리를 영원히 누려 가지게 하는 바이다.
>
> 5천 년 역사의 권위를 의지하여 이를 선언함이며, 2천만 민중의 충성을 합하여 이를 두루 펴서 밝힘이며, 영원히 한결 같은 민족의 자유 발전을 위하여 이를 주장함이며, 인류가 가진 양심의 발로에 뿌리박은 세계 개조의 큰 기회와 시운에 맞추어 함께 나아가기 위하여 이 문제를 내세워 일으킴이니, 이는 하늘의 지시이며 시대의 큰 추세이며, 전 인류 공동 생존권의 정당한 발동이기에, 천하의 어떤 힘이라도 이를 막고 억누르지 못할 것이다.

태화관의 역사

3·1 운동 당시 독립 선언 장소인 태화관은 내력이 있는 장소입니다. 조선 전기에는 중종반정 때 공을 세운 구수영이 살았고, 조선 후기에는 안동 김씨 세력인 김흥근이 살았습니다. 그 뒤 헌종의 후궁인 경빈 김씨의 사당인 순화궁으로 쓰였습니다. 그러다 일제 강점기에 이완용의 소유로 넘어갔습니다. 1918년, 벼락이 떨어져 고목나무가 반으로 갈라지자 놀란 이완용이 집을 팔려고 내놓았습니다. 그러자 인사동에 있던 요릿집, 명월관 주인이 인수하여 별관으로 사용하였습니다. 현재는 기독교 복지관 건물이 들어서 있습니다.

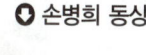 손병희 동상

그 직후, 민족 대표들은 곧바로 일본 경찰에 끌려갔습니다.

그리고 바로 그 시각, 탑골 공원에는 수천 명의 시민들이 모여 독립 선언식을 기다리고 있었습니다. 이들은 장소가 바뀐 것을 미처 모르고 있었습니다.

정오가 지나고 오후 2시가 되었습니다. 그때까지도 민족 대표들이 나타나지 않았습니다. 사람들은 웅성거리기 시작했습니다. 그러던 중 수많은 시민들 사이에서 한 청년이 나오더니 높은 단상 위로 올라갔습니다. 그러고는 큰 소리로 독립 선언서를 낭송하기 시작했습니다.

어찌 할 바를 모르고 발만 동동 구르던 수많은 시민들이 귀를 모았습니다. 독립 선언서 낭독이 모두 끝나자 시민들은 일제히 만세 삼창을 했습니다.

"대한 독립 만세! 대한 독립 만세! 대한 독립 만세!"

시민들이 거리로 쏟아져 나오기 시작했습니다. 청년과 학생은 물론이요, 어린아이와 부녀자, 심지어 몸이 성하지 않은 노인들조차 태극기를 들고 거리로 나섰습니다. 거리는 순식간에 태극기의 물결과 만세 소리로 들끓었습니다.

일본 경찰들은 당황하기 시작했습니다. 그들은 총칼로 위협을 하며 시위를 멈추라고 소리쳤지만 소용이 없었습니다. 반면 만세 시위대는 돌 하나 던지는 법 없이 차분하게 질서를 지키며 거리를 행진했습니다.

하지만 그런 평화 시위조차 두고 볼 일본 경찰들이 아니었습니다. 그날 오후, 일본의 기마 경찰대가 시위대를 향해 달려들었습니다. 말발굽으로 시민들을 짓밟고 총의 개머리판으로 사람들을 때렸습니다. 나중에는 총을 쏘며 시위대를 강제로 해산시키기 시작했습니다.

그날 하루에만 수백 명의 시민들이 끌려가 옥에 갇혔습니다.

◑ 3·1 운동의 모습을 형상화 한 부조(파고다 공원)

◐ 3·1 운동 당시에 쓰일 태극기를 대량으로 찍어내기 위해 만든 태극기 목판

하지만 다음날이 되어도 만세 소리는 끊이지 않았습니다. 만세 운동은 지방으로 번졌습니다.

단군 자손 우리 소년 국치민욕 네 아느냐

부모 장사할 곳 없고 자손까지 종 되었네

천지 넓고 넓것만 의지할 곳 어데냐

간 데마다 천대고 까닭 없시 구축되어

잊었느냐 잊었느냐 우리 원수의 합병 수치를 네가 잊었느냐

자유와 독립을 다시 찾기로 우리 헌신에 전혀 있도다

나라가 없는 우리 동포 살아 있기 부끄럽다

땀을 흘리고 피를 흘려서 나라 수치 씻어 놓고

뼈와 살은 거름되어 논과 밭에 유익되네

우리 목적 이것이니 잊지 말고 나아가세

부모 친척 다 버리고 외국 나온 소년들아

우리 원수 누구더냐 이를 갈고 분발하여

백두산에 칼을 갈고 두만

◐ 유관순의 수형 기록

강에 말을 먹여

앞으로 가 하는 소리에 승전고를 울려

둥둥 만세 만세 만세 만세 만세 만세

— 3·1 운동 때 불린 '복수가' —

3·1운동의 결과

3·1운동은 파급효과가 엄청나게 컸습니다. 나라 안에서 시작된 3·1운동은 급속하게 해외까지 퍼져나갔지요. 가까이 만주와 연해주는 물론이고 일본, 심지어 하와이와 미국 본토까지 퍼져나갔습니다. 이 때문에 일본은 조선에 대한 통치방식을 바꾸지 않을 수 없었어요. 이른바 '문화정치'라는 것이었는데, 이전까지만 해도 무관을 임명하던 총독을 문관으로 바꾼다는 것과 헌병경찰제도를 없애고 보통 경찰 제도를 실시한다는 것이었지요. 물론 흉내만 낸 것이지만요. 아울러 3·1운동은 다른 여러 나라(중국·인도·동남아시아 등) 사람들에게도 제국주의를 반대하는 민족 운동에도 자극을 주었답니다.

옥 속에 갇혀서도 만세 부르다

이화 학당에 다니던 유관순은 급히 자신의 고향인 천안으로 내려갔습니다. 유관순은 교회와 청신학교 등을 돌며 서울에서 있었던 만세 운동을 설명했습니다. 그리고 한 사람에게 일일이 이야기하거나 여러 사람을 모아 놓고 호소했습니다.

"여러분, 우리도 이곳에서 만세 운동을 벌입시다. 우리 모두가 독립을 요구하고 만세를 부르면 독립은 곧 찾아올

○ 유관순 생가

이화 학당

조선 시대 말인 1886년 5월 21일, 미국의 선교사 부인이 한국 여성에게 기독교 교육을 실시할 목적으로 세웠습니다. 이화라는 이름은 근처에 배나무가 많아서였다는 설과 경복궁 이화정에서 따왔다는 설이 있습니다. 이것은 우리나라 최초의 여성 교육 기관으로 지금의 이화여자 대학교입니다.

것입니다. 음력 3월 1일에 아우내 장터에 모여 힘을 합해 만세를 부릅시다!"

이윽고 음력 3월 1일이 되었습니다. 전날 밤, 이미 봉화로 마을 곳곳마다 만세 운동 계획을 알린 터라 아우내 장터에는 수천 명의 사람들이 모여 있었습니다. 그곳에서 유관순은 사람들에게 태극기를 나누어 주었습니다.

그런 뒤 유관순은 쌀집 앞에 높이 쌓여 있는 가마니 위로 올라갔습니다. 그리고 외쳤습니다.

"여러분, 우리는 독립해야 합니다. 지금 한양에서는 나라를 되찾기 위해 모든 사람이 일어났습니다. 우리도 목청 높여 만세를 외치고 이 땅에서 일본인들을 몰아내야 합니다."

그런데 바로 그 순간이었습니다. 만세 운동 계획을 알아차린 일본 경찰이 들이닥쳐 사람들을 마구 짓밟았습니다.

"당장 그만두지 않으면 모두 체포할 테다!"

일본 헌병이 소리를 쳤습니다. 그러나 유관순은 그치지 않았습니다.

"오천 년 역사의 우리 민족이 하찮은 섬나라 사람들의 총칼을 두려워할 줄 아느냐? 우리 모두는 목숨을 내놓을 각오로 나라의 독립을 부르짖는 것이다!"

"에잇! 저 계집을 당장 끌어내라!"

하지만 유관순은 헌병들에게 끌려가면서도 계속 외쳤습니다.

"여러분, 만세를 부릅시다. 대한 독립 만세!"

유관순은 곧바로 일본 헌병대에 끌려가 모진 고문을 받았습니다. 일본 헌병들은 유관순의 머리채를 잡아 끈으로 묶어 천장에 며칠씩 매달아 놓았습니다. 옷을 벗기고 온몸을 회초리로 때리기도 했습니다. 날카롭고 뾰족한 대바늘로 열 손가락의 손톱 밑을 찌르기도 했습니다.

그런 뒤에 헌병대는 유관순을 재판정으로 끌고 갔습니다. 그곳에서도 유관순은 외쳤습니다.

"나는 조선 사람이니 너희에게 재판 받을 이유가 없다. 이 재판은 잘못된 것이다!"

✔ 제암리 학살 사건

3·1운동이 일어났을 때, 수원 제암리에서도 만세의 물결이 출렁였어요. 이때 일본군의 난폭한 진압으로 2명의 주민이 사망하는 사고가 발생했지요. 이 사건을 핑계로 일본군 중위 아리타 도시오가 헌병대를 이끌고 와 주민들을 제암리 교회에 모이게 했어요. 주민의 사망에 대한 사과를 하겠다는 것이었어요. 하지만 도시오 중위는 사람들이 모이자 교회의 문을 모두 닫고 집중 사격을 가해 주민들을 학살했어요. 마을에도 불을 질러 30여 채의 집을 태웠고 남녀노소 수십 명을 죽였답니다.

○ 제암리 교회

✔ 법정의 유관순

유관순은 법정에서도 떳떳했어요. 유관순은 일본인 재판관을 향해, "나는 한국인이다. 너희들은 우리나라에 와서 우리 동포들과 나의 아버지와 어머니까지 죽였으니, 죄를 지은 자는 내가 아니라 너희들이다. 그러므로 우리가 너희들에게 형벌을 주어야지, 너희들은 감히 나를 재판할 권리도 없고 명분도 없다!"라며 호통을 쳤어요. 그러면서 일본의 재판을 거부하기도 했어요. 훗날(1962년), 정부는 유관순에게 대한민국 건국훈장 독립장을 수여했답니다.

그러고는 벌떡 일어나 의자를 집어 들어 재판관을 향해 던졌습니다. 그와 동시에 유관순은 힘껏 소리쳤습니다.

"대한 독립 만세!"

일본 재판부는 유관순의 이런 태도가 몹시 불순하다고 여겨 법정 모독죄를 추가했습니다.

유관순은 곧 서대문 형무소로 옮겨졌습니다.

그곳에서도 고문은 계속되었습니다. 그래도 여전히 유관순은 의지를 굽히지 않았습니다. 그리고 형무소에 갇힌 사람들을 향해 외쳤습니다.

"여러분, 저는 나라를 위해 이 한 목숨 바치기로 했습니다. 2천만 동포의 10분의 1만 목숨을 내놓는다면 독립은 곧 이루어질 것입니다. 우리 모두 소리 높여 만세를 부릅시다."

그러나 이렇게 목청을 높여 외칠수록 일본 헌병들의 고문은 거세어졌습니다. 매질은 물론이고 불에 달군 인두로 허벅지와 가슴을 마구 지졌습니다. 열흘이 넘도록 잠을 재우지 않기도 했습니다.

그래도 유관순은 외쳤습니다.

"대한 독립 만세!"

마침내 유관순은 모진 고문을 이기지 못하고 열아홉 살의 나이로 세상을 떠났습니다. 유관순이 죽었을 때, 그의 죽음을 슬퍼해 줄 가족은 아무도 남아 있지 않았습니다. 가족들은 이미 일본 헌병들의 총칼에 무참하게 살해된 뒤였습니다.

○ 서대문 형무소의 여자 감옥

✓ 서대문 형무소

서대문 형무소는 우리나라 최초의 근대식 감옥이에요. 1907년 일본인 시텐노가즈마의 설계로 착공하였지요. 완공 후 80년 동안 약 35만 명을 수감했습니다. 특히 일제 강점기 시절에는 독립운동가와 민족 지도자를 가두고 고문하고 처형하는 곳으로 알려져 악명이 높은 곳이었습니다. 유관순 열사는 이곳의 지하 여자감옥에 투옥되어 있다가 고문으로 숨을 거두었다고 합니다.

저기요, 선생님! 이런 게 궁금해요

온 나라에 울려 퍼진 만세 소리

임시 정부가 뭐예요?

일본에게 국권을 빼앗긴 뒤 여러 독립 운동가와 단체들은 자신들의 힘을 하나로 모아야겠다는 생각을 했어요. 그래야 힘이 더 강해지고, 효율적으로 움직일 수 있을 테니까요. 나라를 잃은 국민들에게도 의지할 수 있는 곳이 필요했지요. 그래서 임시 정부가 세워졌어요.

○ 상해 임시 정부 사람들

○ 1919년 미주에서 발행된 독립선언서

처음에 임시 정부는 하나가 아니었어요. 독립 운동가들은 각자 활동하는 곳이 달랐고, 생각하는 바도 달랐기 때문이에요. 가장 처음 생겨난 임시 정부는 러시아 블라디보스토크의 대한민국의회였어요. 손병희가 대통령으로 추대되었고, 부통령은 박영효였지요.

이어서 상해에도 임시 정부가 등장했답니다. 이름은 대한민국 임시 정부였어요. 여기서 국무총리는 이승만이 맡았지요. 또 국내에는 서울에 한성 정부가 세워졌습니다.

그러나 상해에서 활동하던 안창호는 여러 개의 임시 정부가 국민들을 혼란스럽게 하고 효율적인 독립운동에도 방해가 된다고 생각했어요. 그래서 세 곳의 임시 정부를 하나로 합쳐야겠다고 다짐하고 각각의 지도자들을 만나서 자신의 뜻을 전했어요. 그래서 세워진 것이 바로 상해의 대한민국 임시 정부에요. 1919년 9월에 출범했지요.

초대 대통령으로 이승만이 임명되었고, 국무총리는 이동희가 맡았어요. 임시 정부는 여러 조직과 기구를 만들면서 독립 운동에 온 힘을 기울였지요. 특히 연통제라는 기구의 활동이 눈에 띄었는데 한 마디로 비밀 연락망이었어요. 독립 자금을 모으고 임시 정부를 국내와 국외에 알리는 역할을 했어요. 해외 독립 운동 단체와 국내를 연결해 주는 구실도 했지요.

○ 안창호

임시 정부는 군사 조직도 갖추었어요. 일제의 무력에 대항하기 위해서였지요. 1919년에 육군무관학교를 세웠고, 이어서 1920년에는 만주에 신흥무관학교를 세웠어요. 이곳에서 교육 받은 사람들 대다수가 독립 운동가로 활약했어요.

이 외에도 임시정부는, 〈독립신문〉을 발간했어요. 〈독립신문〉은 우리 임시 정부의 활동을 알리고 독립의 필요성을 고취시키는데 큰 역할을 했지요. 또한 여러 가지 책도 펴냈어요. 일본의 침략 사실과 만행을 알리는 동시에 우리 역사의 우수성을 깨우치는데 도움이 되는 책들이에요. 나아가 세계 각지에 외교관을 파견하기도 했어요. 당시 우리나라의 상황을 전세계에 알리고 독립에 대한 간절한 소망을 전달하기 위해서였답니다. 훗날, 태평양 전쟁(1941년)이 일어났을 때에는 우리나라가 독립국임을 밝히고 일본과 독일에 선전포고를 했어요. 동시에 광복군을 여러 전투 지역(미얀마 필리핀 등)에 파견하여 싸우게 함으로써 연합국의 일원임을 호소했어요.

○ 상해 임시정부 건물

3·1 운동 이후에는 어떤 운동이 있었나요?

6·10 만세 운동

◐ 순종의 장례식

1926년 4월 26일 조선의 마지막 임금인 순종이 세상을 떠났어요. 순종은 나라를 지키지 못했다는 자책감 때문에 무척 괴로운 세월을 보냈지요. 순종의 장례일은 6월 10일로 정해졌어요. 일본은 제2의 3·1 운동이 일어나는 것은 아닐까 무척 걱정했어요. 그래서 경계를 철저하게 하고 경찰도 구석구석에 배치했지요.

이윽고 순종이 승하했다는 소식에 많은 조선 사람들이 슬픔에 잠겼어요. 창덕궁 앞에 통곡을 하는 행렬이 줄을 이었지요. 조선 사람들은 장례식 날 3·1 운동의 뒤를 잇는 항일 시위를 벌여야겠다고 다짐했어요. 물론 일본의 눈을 피해 치밀하게 준비했지요.

일본에서는 만약을 대비해서 1만 명에 달하는 애국지사를 미리 검거하고 감옥에 가두었지요. 6월 10일, 마침내 장례 당일이 되었어요. 장례 행렬이 지금의 을지로쯤을 지날 때 학생들이 뛰어나와서 만세를 부르기 시작했어요. 조선학생과학연구회를 포함한 학생 단체들이었어요. 만세 소리를 듣자 많은 시민들이 만세 시위에 합류했어요. 이 일로 인해 수백 명의 학생과 시민이 일본 헌병에게 잡혀 갔답니다. 이 사건을 6·10 만세 운동 이라고 해요.

광주 학생 항일 운동

광주 학생 항일 운동은 1929년 11월에 일어난 일이에요. 이 학생 운동에는 계기가 된 사건이 있어요. 1929년 10월 30일 조선 여학생 박기옥, 이금자, 이광춘은 광주여자고등보통학교에 가기 위해 기차를 탔답니다. 기차 안에는 광주중학교에 다니는 일본 남학생들도

◐ 광주 학생 항일 운동 기념탑

타고 있었어요. 그 일본 학생들이 박기옥의 댕기를 잡아당기며 희롱을 한 거예요. 박기옥은 화를 꾹 참고 기차를 빠져 나왔지만, 이 모습을 박기옥의 사촌 동생 박준채가 보았지요. 박준채는 광주고등보통학교 학생이었어요. 박준채는 일본 학생에게 항의를 했고 이것이 일본 학생들과 조선 학생들의 패싸움으로 커지게 된 것이지요.

싸움을 말리기 위해 온 일본 경찰은 싸움의 잘못을 조선 학생들에게 돌리며 마구 때렸어요. 70여 명의 학생들은 유치장에 갇혔답니다. 패싸움 사건은 친일 신문인 〈광주일보〉에 실렸는데, 기사 역시 일본을 두둔하는 내용으로 보도됐어요. 이 소식은 조선 곳곳에 퍼졌고 많은 학교들이 힘을 합치면서 만세 시위를 벌이게 된 거예요. 나라 밖에 있는 만주와 간도에서도 합세했지요. 참가한 학교만 해도 194개에 달했고, 5만 4천여 명이 참가했어요. 구속된 학생 수만 해도 1,600여 명에 달했고, 시위에 참가한 학생 대부분이 퇴학과 무기정학을 당했지요. 광주 학생 항일 운동은 3·1 운동 이후로 가장 큰 항일 운동이었어요.

> 장엄한 학생 대중이여! 마지막까지 우리의 슬로건을 지지하라! 그리고 분기하자!
> 싸우자! 굳세게 싸우자! 검거자를 즉시 우리 손으로 되찾자!
> 교내에 경찰 진입을 절대 반대한다! 교우회의 자치권을 획득하자!
> 언론, 출판, 집사, 결사, 시위의 자유를 획득하자!
> 조선인 중심의 교육 제도를 확립하자! 식민지 노예 교육을 없애자!
>
> – 광주 학생 항일 운동 격문 –

◐ 광주 학생 항일 운동을 재현한 모형(독립 기념관)

총을 들고 맞선 독립투사들

여기저기에 숨어서 활발하게 독립운동을 펼치고 있던 독립군 부대는 일본에게 눈엣가시와 같은 존재였습니다. 나라의 독립을 위해 총과 칼을 잡은 독립군 부대는 봉오동 전투, 청산리 대첩에서 승리하기 시작했습니다.

하나, 봉오동 전투

홍범도는 이미 한일 병합이 이루어지기 전부터 독립군 부대를 이끌며 일본군을 괴롭히고 있었습니다. 그 때문에 일본군 수비대에게 독립군은 몹시 귀찮은 존재였지요.

1920년 6월, 홍범도의 독립군이 일본군의 남양수비대 한 개 중대를 몰살시키는 사건이 발생했습니다. 바로 이 사건으로 독립군과 일본군은 피할 수 없는 전투를 벌였습니다.

일본군은 독립군 부대를 전멸시키기 위해 월강추격대대라는 특수 부대를 만들었습니다. 책임자는 야스카와 소령이었고, 이들은 일본군 사령부(나남에 주둔하고 있었기 때문에 나남사령부라고도 해요) 안에서

◐ 당시 독립군 병사와 무기

도 최정예를 자랑하는 군인들로 짜여 있었습니다.

월강추격대대는 즉시 독립군 부대의 근거지인 봉오동을 향해 진격했습니다. 이때 봉오동에는 대한북로독군부라는 독립군의 연합 부대가 머물고 있었습니다. 이곳에서 홍범도는 북로군 제1군 사령부 부장을 맡고 있었습니다.

○ 전투가 치열했던 봉오동의 현재 모습

사건은 긴급히 홍범도에게 보고되었습니다. 홍범도는 마을 주민을 대피시키고 부대를 네 개의 중대로 나누었습니다. 그러고는 자신이 직접 두 개 중대를 이끌고 봉오동 북쪽 골짜기로 들어갔습니다. 나머지 한 개 중대는 부장인 최진동에게 맡겨 봉오동 꼭대기를 지키라고 부탁했습니다. 그리고 2중대 3소대 1분대장인 이화일에게는 약간의 병력을 주며 이렇게 명령했습니다.

"이화일 분대장은 고려령을 지키고 있다가 월강추격대대가 나타나거든 싸우는 척하다가 후퇴하여 봉오동 골짜기로 유인하시오."

6월 7일 정오였습니다. 월강추격대대의 야스카와 소령은 대규모 병력을

✓ **홍범도**

독립 운동가로 함경북도 북청 후치령에서 의병을 일으켰으며 만주로 건너가 봉오동 전투와 청산리 대첩에 참여하여 승리로 이끌었습니다. 1921년에 시베리아에서 고려 혁명 군관학교를 설립하기도 했습니다.

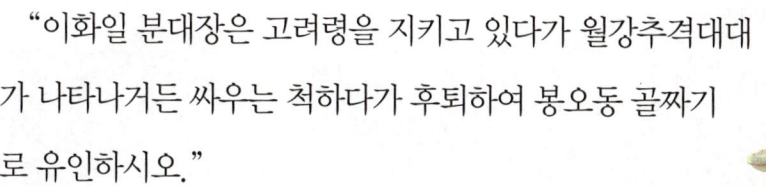

이끌고 봉오동 골짜기에 들어섰지요. 그들은 대포와 기관총 등의 무기로 무장하고 있었습니다.

"공격하라!"

월강추격대대가 봉오동 골짜기의 입구라 할 수 있는 고려령에 이르자, 이화일은 홍범도의 지시대로 공격 명령을 내렸습니다. 명령이 떨어지자 독립군 부대의 병사들이 일제히 총을 쏘았습니다. 갑작스러운 공격에 당황한 월강추격대대는 서둘러 후퇴하며 몸을 사렸습니다.

그러나 자신들의 숫자가 월등히 많음을 깨달은 월강추격대대는 다시 전투 준비를 갖추었습니다. 독립군의 무기가 고작 오래되고 낡은 소총에 불과하다는 사실을 눈치 챈 야스카와 소령은 곧바로 고려령을 향해 진격할 것을 명령했습니다.

그런데 바로 그 즈음, 독립군 부대는 기다렸다는 듯이 후퇴하기 시작했습니다.

야스카와 소령은 바로 이때가 기회라고 생각했습니다.

"독립군이 도망친다. 뒤를 추격하여 남김없이 몰살하라!"

월강추격대대는 끈질기게 독립군 부대를 쫓아갔습니다. 그들은 어느새 고려령을 지나 봉오동 골짜기의 깊숙한 곳까지 들어와 있었습니다.

홍범도는 바로 이때를 기다리고 있었습니다. 독립군은 이미 봉오동 골짜기를 에워싸고 있었지요. 홍범도는 월강추격대대가 골짜기 안까지 깊숙이 들어오자 총공격 명령을 내렸습니다.

"공격하라! 일본군을 전멸시켜라!"

이윽고 독립군 부대의 총공격이 시작되었습니다.

그제야 자신들이 유인 작전에 말려들어 포위되었음을 눈치 챈 월강추격대대는 후퇴하려 했습니다. 그러나 때는 이미 늦었지요. 사방에서 독립군의 총알이 날아오는 통에 어디로 피해야 할지 몰라 우왕좌왕했습니다. 총소리는 무려 세 시간 동안이나 봉오동 골짜기를

가득 메웠습니다. 빗발치듯 총알이 날아들었으며 골짜기는 순식간에 아수라장으로 변했습니다.

마침내 월강추격대대는 후퇴하기로 마음먹었습니다. 그러나 그들은 홍범도의 발 빠른 전술에 말려들어 5백 명에 가까운 사상자를 냈습니다. 이에 비해 독립군의 피해는 전사가 4명, 중상이 2명에 불과했지요.

독립군 부대의 대승리였습니다. 그러나 봉오동 전투의 패배로 일본군은 독립군에 대한 전면적인 토벌 계획을 수립하기 시작했습니다.

> ✓ **북로군정서**
> 단군을 섬기는 대종교의 신도들이 조직한 '중광단'이라는 단체에서 시작되었습니다. 나중에 이름을 북로군정서로 바꾸고 김좌진을 사령관으로 삼아 일본군을 크게 무찌릅니다.

둘, 청산리 대첩

봉오동 전투에서 패한 일본군은 독립군을 토벌하기 위해 나남사령부 소속의 여러 개 사단을 만주에 집중 배치시켰습니다. 이들은 특히 독립군 부대 중에서 가장 규모가 큰 북로군정서라는 부대를 노리고 있었습니다.

그러던 1920년 8월 하순, 왕청현 서대파에 주둔하고 있던 북로군정서의 주력 부대

○ 두만강 및 국경 일대에서 독립군 토벌 작전 중인 일본군

◐ 청산리 대첩도 모형(독립 기념관)

는 훈춘의 일본 영사관을 습격하여 뜻밖의 정보를 얻어 냈습니다.

"김좌진 장군님, 일본군 제14사단과 제13사단의 일부가 장고봉을 거쳐 남쪽으로 향한다는 정보입니다. 또한 나남 사령부의 제21사단이 도문 강을 건너 북쪽으로 올라온다는 정보도 있습니다. 그리고 만철의 수비대가 쑹화강을 건너 서쪽으로 간다고 합니다."

말하자면 일본군은 북로군정서군을 세 방향에서 완전히 포위하여 토벌하려는 음모를 꾸미고 있었던 것입니다.

"음, 그렇다면 우리 부대를 청산리로 옮깁시다. 아무래도 적은 병력으로 그 많은 병력과 맞서 싸우려면 청산리의 숲을 이용하여 게릴라전을 전개하는 것이 좋을 듯합니다."

✓ 김좌진

3·1 운동 때 만주에서 북로군 정서를 조직하고 총사령을 맡았습니다. 이후 사관 양성소를 설립하여 병력을 양성하고 1920년에 청산리 대첩에서 일본군을 크게 무찔렀습니다. 일제 강점기 말 주먹 하나로 일본에 저항했던 김두한의 아버지이기도 합니다.

◐ 김좌진 흉상
(김좌진 장군 생가)

그리하여 북로군정서군은 강행군하여 청산리로 옮겨 갔습니다. 이윽고 10월 19일, 이미 북로군정서군의 움직임을 보고 받은 일본군의 선발대가 청산리에 도착하고 있었습니다. 이들의 병력은 기병과 보병, 그리고 공병을 합하여 모두 1만 명이나 되었습니다.

"흠, 독립군 부대가 이곳을 지나간 지 이미 오래되었구나. 서둘러 쫓아가야겠다."

바로 백운평이라는 지역에서였습니다. 일본군의 장교가 식은 말똥을 만져 보고는 말했습니다. 그러나 그것은 착각이었습니다.

일본군은 서둘러 청산리 골짜기로 들어서기 시작했습니다. 그들 중 어느 누구도 독립군 부대가 골짜기를 포위하고 있는 것을 알지 못했습니다.

얼마나 시간이 지났을까? 일본군 선발대가 이윽고 김좌진의 시야에 들어왔습니다. 김좌진은 가장 앞서서 무리를 이끌고 있는 기마병 소대장의 가슴을 향해 총을 겨누었습니다. 그리고 천천히 방아쇠를 당겼습니다. "타앙—!" 하는 소리가 골짜기에 울렸고, 그것을 신호로 독립군의 공격이 시작되었습니다.

"일본군은 포위되었다. 개미 새끼 한 마리 살려 보내지 마라!"

봉오동에서처럼 삼면을 포위한 공격이 시작되었습니다. 일본군은 정신을 차리지 못했습니다. 즉시 반격을 개시했지만 포위된 상태에서의 공격은 별로 효과가 없었습니다. 잠깐 사이에 일본군 연합 부대는 무려 2천 2백 명의 전사자를 냈으며, 서둘러 후퇴했습니다. 이때 독립군 부대의 사망자는 겨우 20여 명에 불과했습니다.

하지만 그것이 끝이 아니었습니다. 일본은 패배의 앙갚음을 하기 위해 더욱 큰 규모의 공격을 준비하기 시작했습니다.

그러나 그냥 앉아서 적의 공격을 기다릴 김좌진이 아니었습니다.

"이 장군, 주력 부대가 다시 공격해 오기 전에 일단 우리 부대를 갑산촌으로 이동시킵시다."

김좌진은 이범석과 의견을 주고받았습니다. 그리고 하룻밤 사이에 무려 1백 20리나 떨어진 곳으로 모든 부대원을 이동시켰습니다.

이범석
1915년 중국으로 망명하여 청산리 전투에서 김좌진 장군을 도와 일본군과의 싸움에서 큰 승리를 거두었습니다. 광복 후 귀국하여 초대 국무총리 겸 국방부 장관 등을 지냈습니다.

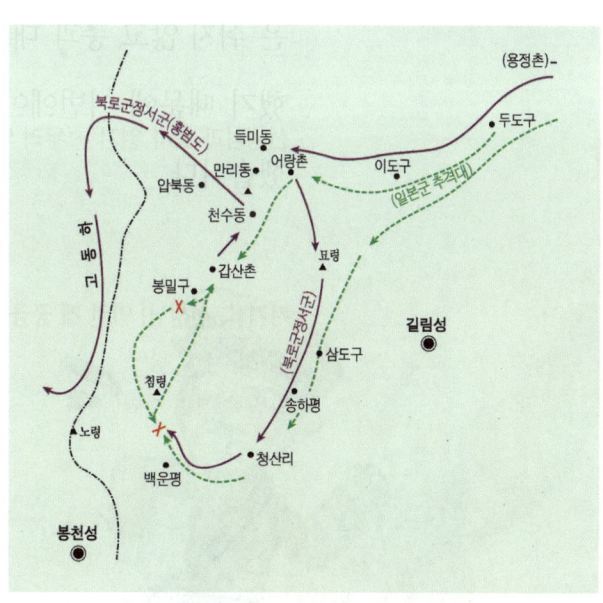

● 북로군정서의 이동로와 일본군의 추격로

✓ 간도 참변

독립군을 추격하던 일본군은 봉오동 전투와 청산리 대첩에서 독립군에게 크게 패하자, 보복을 시작합니다. 3~4개월에 걸쳐 간도 지방의 한국인 마을을 불태우고 재산과 식량을 약탈하였으며, 한국인들을 보이는 대로 학살하였습니다. 10월 9일에서 11월 5일까지 27일 동안 간도 일대에서 학살된 사람들은 확인된 수만 해도 3,469명에 이르렀습니다.

일단 갑산촌에 이른 독립군 부대는 또 다른 일본군 기병대 1백 20명을 단숨에 격파하고 그곳에서 의외의 정보를 입수했습니다. 그것은 다름 아닌 적의 19사단, 약 2만 명의 대부대가 어랑촌에 집결해 있다는 내용이었습니다. 이때 김좌진은 생각했습니다.

'음, 우리가 어랑촌 앞의 마록구 고지를 먼저 점령한다면 쉽게 승리할 수 있으리라.'

김좌진은 재빨리 병사들을 다시 집결시켜 마록구 고지를 점령했습니다. 그리고 일본군 19사단을 기다렸습니다.

바로 다음 날, 일본군 19사단은 마록구 고지에 진을 친 북로군정서군을 공격하기 시작했습니다. 치열한 전투가 벌어졌습니다. 독립군보다 나은 화력을 가지고 있던 일본군은 쉬지 않고 총과 대포를 쏘아 댔습니다. 이미 여러 번 패했기 때문에 이번에야말로 이겨야 한다는 각오를 다진 듯했습니다.

하지만 독립군은 물러서지 않았습니다. 무기야 보잘것 없었지만 독립군 병사들은 죽기를 각오했습니다.

그리고 마록구 고지를 향해 기어오르는 일본군을 향해 총을 쏘았습니다.

전투는 무려 엿새나 계속되었습니다. 나중에는 병사들 중 절반 정도가 실탄이 모두 떨어졌으며, 김좌진 장군의 칼마저 부러져 반 토막이 되었습니다. 그러나 이번에도 먼저 지친 쪽은 일본군이었습니다.

"후퇴하라! 공격을 거두고 마록구를 빠져 나가라!"

그러나 이미 일본군이 1천여 명이나 죽은 뒤였습니다. 이번에도 일본군은 참패를 면치 못했고, 독립군은 또 한 번의 큰 승리를 거두었습니다.

하지만 안타까운 일은 이 싸움에서 치욕적으로 참패를 당한 일본군이 그 보복으로 간도 지방의 우리 동포들에게 무자비한 만행을 저질렀다는 것입니다(간도참변).

총을 들고 맞선 독립투사들

일본의 끔찍한 만행 관동 대학살

일본의 끔찍한 조선인 학살(제암리 학살 사건과 간도 참변)은 국내에서만 일어난 것이 아니었어요. 일본은 자기네 나라 땅에서도 조선인 수천 명을 아무런 이유 없이 죽음으로 몰아넣었답니다. 1923년 9월 1일, 일본 관동 지방에서 대지진이 일어났어요. 12만 가구에 달하는 집이 무너졌고 사망자와 행방을 알 수 없는 사람이 무려 40만 명에 달했지요. 동경 시내는 불길에 휩싸였어요. 대부분의 집이 불에 탔고, 사람들은 건물 틈에서 비명을 질렀어요. 죽어 가는 사람들과 살기 위해 발버둥치는 사람들로 시내 전체가 아수라장이었지요.

일본은 지진으로 인해 무척 혼란스러웠지만 당시 정부는 이렇다 할 대안을 내놓지 못했어요. 워낙에 큰 재난이었기 때문에 어떻게 해야 할 지 갈피를 잡을 수 없었던 거지요. 일본 국민들은 정부를 원망했어요. 이런 상황 속에서 내무대신으로 있던 미즈노는 민심을 수습할 방법으로 끔찍한 방법을 제시했답니다. 그는 경시총감인 아카이케에게 말했어요.

"경시총감, 즉시 경찰서로 가서 '조선인이 폭동을 일으켰다.'고 소문을 내시오. 조선인이 지진을 핑계로 음모를 꾸미고 있다고 말이오. 그래서 지진 피해가 더 심각한 것이라고 소문을 내게 하란 말이오."

미즈노의 계략대로 흉흉한 소문

⊙ 관동 대지진 때 학살되어 버려진 한국인 시체

이 일본 안에 돌았어요. 일본 사람들은 몹시 분노했어요.
"조선인들이 일본 지진을 핑계 삼아서 독립을 꾀하고 있다는 소리 들었소? 일본인들을 닥치는 대로 죽이고 있다고 들었소."
"동경이 불길에 휩싸인 것도 조선인들의 짓이라 하더구먼. 폭탄과 석유로 멀쩡한 집을 불태우고 그걸 지진 때문이라고 하고 있소."

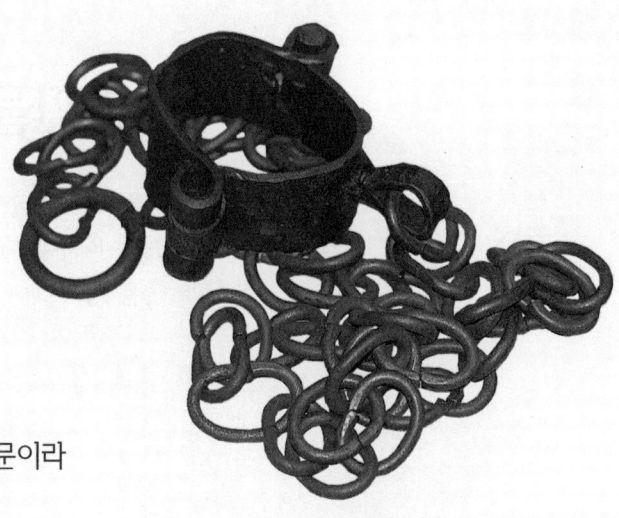
○ 일본 사람이 한국 사람을 고문할 때 쓰던 족쇄

소문이 퍼질 수록 일본 사람들의 분노는 더해 갔어요. 일본 사람들은 복수를 해야겠다고 다짐했어요.
"조선인들을 죽여라! 복수를 해야 한다."
일본 사람들 가운데는 조선 사람을 죽이는 단체까지 생겼어요. 자경단이라고 하지요. 그들 가운데는 경찰도 끼어 있었어요. 자경단은 조선 사람만 보면 무조건 몽둥이를 휘두르고 칼을 뽑았답니다. 많은 조선 사람들이 억울하게 죽어 갔지요. 일본 정부는 계획대로 정부에 대한 불만을 다른 곳으로 돌릴 수 있었어요.
이 일이 있은 뒤, 대한민국 임시 정부에서는 특파원을 보내서 사상자를 조사하게 했답니다. 그랬더니 무려 6천여 명에 달하는 무고한 조선 사람들이 목숨을 잃은 것으로 밝혀졌어요. 조선 사람을 죽인 일본 사람들은 경찰에 불려가더라도 곧 풀려났고요. 증거가 부족하다는 이유였지요.

○ 중국인 화가가 그린 자경단의 조선인 학살 장면

일본의 중요 인물을 암살하라

독립투사들 중에는 나라의 독립을 앞당기기 위해 일본의 우두머리들을 암살하고자 하는 사람도 있었습니다. 윤봉길과 이봉창도 그들 중 한 사람이었지요. 독립을 위해서는 목숨도 아깝지 않은 그들이었습니다.

홍커우 공원의 폭탄 소리 - 윤봉길

1932년 4월 29일 아침이었습니다. 그날은 홍커우 공원에서 일본 천황의 생일 잔치가 열리는 날이었습니다. 애국단(애국단의 정식 명칭은 한인애국단이에요. 애국단은 김구가 임시 정부의 국무령으로 있을 때 만든 일본 중요 인물 암살을 위한 비밀 단체예요)의 단원이었던 윤봉길은 바로 그 잔치에 모일 일본 주요 인사들을 폭탄으로 제거하기 위해 준비하고 있었습니다.

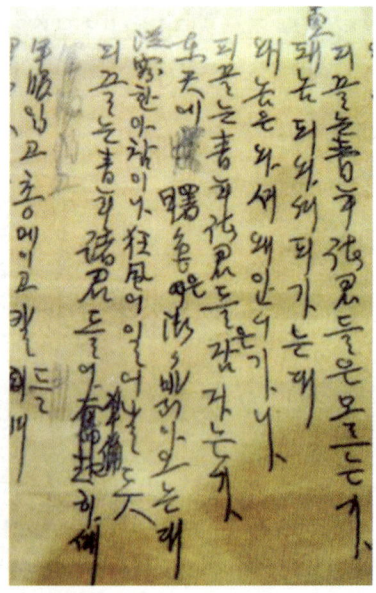

⬆ 태극기 앞의 김구와 윤봉길(왼쪽). 그리고 윤봉길의 편지(오른쪽)

그날 아침, 김구와 윤봉길은 한 동지
의 집에서 마주 앉아 아침 식사를 했습
니다. 그 자리에서 윤봉길은 김구에
게 이렇게 말했습니다.

"선생님, 오늘 아침은 어느 때
보다 달고 맛있습니다. 마지막이
라고 생각하니 꿀맛입니다."

그 말을 듣는 김구의 눈에 눈물이 핑 돌았습니다. 잠시 후, 두 사람은 동지의 집에서 나왔습니다.

집 앞에는 윤봉길을 태우고 갈 자동차가 한 대 서 있었습니다. 윤봉길은 김구와 시계를 바꾸어 차고 홍커우 공원으로 향했습니다. 몇 시간 뒤, 윤봉길은 홍커우 공원에 도착했습니다. 홍커우 공원은 아침부터 일본군 기병대가 삼엄하게 지키고 있었습니다. 초대장이 없는 사람은 그 누구도 들여보내지 않았고 초대장이 있어도 온몸을 샅샅이 수색했습니다.

윤봉길은 간신히 홍커우 공원 안으로 들어갔습니다. 그리고 윤봉길은 어깨에 맨 물통과 손에 든 도시락을 다시 한 번 만져 보았습니다. 사실 그것들은 모두 폭탄이었습니다.

행사장 안에는 상해에 주둔한 일본군을 이끄는 최고 사령관인 시라카와 대장, 노무라 제독과 시게마쓰 공사, 제9사단장인

◆ 윤봉길 동상

◎ 윤봉길의 폭탄 던지는 장면(윤봉길 의사 기념관, 박동인 그림)

✔ **윤봉길 의사 기념관**

1988년 12월 1일, 서울시 서초구 양재동에 있는 시민의 숲 내에 건립되었습니다. 윤봉길 의사의 유물뿐만 아니라 독립운동에 관련된 자료도 볼 수 있지요. 1층에는 윤봉길 의사의 생애를 시기별로 나누어 당시의 소지품과 책, 문방구류, 훈장 등이 전시되어 있으며 2층에는 독립운동 관련 사진 120점이 주제별로 전시되어 있고 교육용 다큐멘터리 등을 상영하고 있다고 합니다.

우에다 중장이 벌써 자리를 잡고 앉아 있었습니다. 곧 축하식이 시작되었습니다. 윤봉길은 사람들 사이에서 천천히 움직이기 시작했습니다. 조금씩 발걸음을 옮겨 행사장 한복판을 향해 다가갔습니다.

"다 같이 묵념!"

11시 30분, 단상 위의 사회자가 묵념을 외치자 행사장에 참석한 수많은 사람들이 일제히 고개를 숙였습니다. 이때를 기다린 윤봉길은 고개를 들고 폭탄을 꺼내 들었습니다. 그리고 중앙을 향해 폭탄을 집어던졌습니다.

"콰과-쾅-!"

천지를 진동하는 폭발음이 들렸습니다. 그 순간, 윤봉길은 카와바타(일본인 단장)의 몸이 형체를 찾을 수 없게 산산조각이 나는 것을 또렷하게 보았습니다. 그리고 시게마쓰 일본 공사의 한쪽 다리가 떨어져 나가는 것도 보았습니다. 나중에 알려졌지만 상해 파견군 사령관 시라카와 요시노리

대장이 중상을 입고 입원했다가 죽었으며, 제3함대 사령관 노무라 요시사부호는 시력을 잃은 것으로 밝혀졌습니다.

그 외에도 제9사단장 우에다 겐키치 중장을 비롯한 다섯 명도 크게 다쳤습니다.

사방은 순식간에 아수라장이 되었습니다.

이때 윤봉길은 김구의 얼굴을 떠올리며 나지막하게 혼자서 중얼거렸습니다.

'선생님, 보셨습니까? 우리가 목표했던 사람들은 거의 죽거나 다쳤습니다. 그리고 시라카와도 중상을 입었습니다.'

그리고 윤봉길은 또 다른 폭탄 하나를 꺼내 들었습니다. 스스로 목숨을 끊기 위해서였습니다. 그러나 바로 그 순간, 일본 경찰이 달려들어 윤봉길의 팔을 휘어잡았습니다. 윤봉길은 그렇게 끌려가고 말았습니다.

윤봉길은 모진 고문을 당한 뒤 재판소로 넘겨졌습니다. 재판에서 윤

> ✓ **윤봉길**
> 3·1 운동을 계기로 항일 운동을 시작했으며, 탄압을 피해 1930년 상하이로 망명하여 한인 애국단에 가입합니다. 1932년 훙커우 공원에서 열린 일본 천황의 생일 기념식장에 폭탄을 던져 일본 중요 인물들을 죽이고 일본 경찰에게 붙잡혀 오사카에서 순국합니다.

◯ 윤봉길 의사의 폭탄 투척 사건을 보도한 당시 일본의 한 신문. 위는 폭탄 투척 직후, 아래는 체포되는 윤봉길의 모습

✓ 이봉창

1924년 9월 용산 일대에서 금정청년회를 조직하면서 항일 운동을 시작했습니다. 1931년 중국 상하이로 건너가 한인 애국단에 가입, 김구의 지시를 받고 일본 왕 히로히토를 암살하기로 하였습니다.
1932년 1월 8일 히로히토를 향하여 수류탄을 던졌으나 실패하여 체포되었습니다. 그러나 조사 과정에서 배후 인물인 김구의 신원을 끝까지 밝히지 않았습니다. 그해 10월 비공개 재판에서 사형을 선고 받았습니다. 1962년 건국훈장 대통령장이 내려졌습니다.

봉길은 살인, 상해, 폭발물 취급 위반 등 여러 가지 죄목으로 사형을 선고 받았습니다. 그의 나이, 스물다섯 살 때의 일입니다.

일본 천황의 마차에 폭탄을 던지다 – 이봉창

이봉창이 일본 천황의 마차에 폭탄을 던진 것은 1932년 1월 8일이었습니다. 이 거사를 위해 이봉창은 일 년 전부터 철저히 준비했습니다. 미리 천황이 지나갈 장소로 나가 폭탄을 던지기에 좋은 곳을 물색해 두기도 했습니다.

1월 8일 아침, 이봉창은 사쿠라다문이라는 곳으로 달려갔습니다. 그곳은 일본 천황을 구경하려는 인파로 북적댔습니다.

이봉창은 주머니에 두 개의 수류탄을 준비하고 천황의 대열 앞으로 다가갔습니다. 이때 무장을 한 헌병이 이봉창의 앞을 막아섰습니다.

"나, 이런 사람이오."

이봉창은 유창한 일본어로 헌병에게 명함 하나를 건네주

었습니다. 그것은 얼마 전 택시 기사에게 얻은 일본 헌병 대장의 명함이었습니다. 그것을 본 헌병은 아무 소리도 하지 않고 이봉창을 행사장 안쪽으로 들여보냈습니다.

　이윽고 얼마의 시간이 지나자 일본 천황의 행렬이 나타났습니다. 구경꾼들은 천황에게 절을 하기 위해 모두 땅바닥에 엎드렸습니다. 그러자 이봉창의 눈에 일본 천황의 마차 행렬이 더욱 또렷하게 보였습니다.

　바로 이때였습니다. 이봉창은 재빨리 폭탄을 꺼내 마차를 향해 던졌습니다.

"콰-쾅-!"

수류탄은 큰 폭발음을 내며 터졌습니다. 그러나 아뿔싸! 폭탄은 일본 천황의 마차가 아닌 궁내부 대신의 마차 옆에 떨어지고 말았습니다. 사방은 몹시 어수선해졌습니다. 헌병들의 호루라기 소리가 들리고 비명 소리도 들렸습니다. 이때 일본 헌병들이 이봉창의 옆에 서 있던 젊은이 하나를 잡으며 소리쳤습니다.

"이놈이 범인이다!"

물론 젊은이는 자신이 범인이 아니라

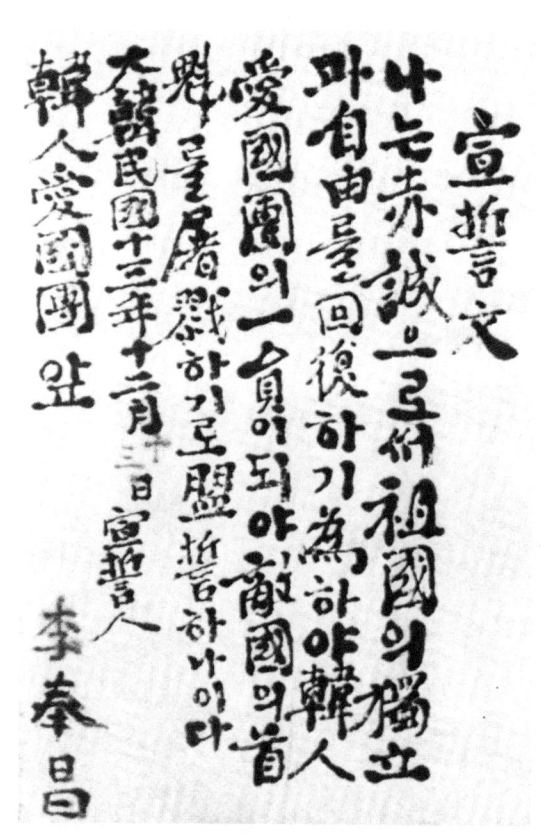

◑ 이봉창의 선서문

며 발버둥 쳤습니다. 이봉창은 이때 도망갈까 생각했습니다. 얼마든지 도망갈 수 있는 기회였습니다. 그러나 이봉창은 도망가지 않았습니다.

'나 때문에 죄 없는 젊은이가 희생되어서는 안 되지.'

이렇게 생각한 이봉창은 일본 헌병 앞으로 다가서서 말했습니다.

"그 젊은이는 범인이 아니오. 내가 바로 범인이오."

그러자 당황한 것은 오히려 일본 헌병들이었습니다. 한참이 지난 뒤에야 일본 헌병들은 이봉창이 진짜 범인이라는 것을 알아차렸습니다. 곧 헌병들은 이봉창을 향해 달려들었습니다. 이봉창은 저항하지 않았습니다. 다만 한마디 힘차게 외쳤습니다.

"조선 독립 만세!"

그 뒤, 이봉창은 수십 차례에 걸쳐 조사를 받았습니다. 일본 사람들은 누가 이봉창을 조종했는지 알고 싶었던 것입니다. 그러나 이봉창은 세상에 있지도 않은 엉뚱한 이름을 대며 조사관을 골탕 먹였습니다. 나중에는 조사관이 이봉창의 이름을 일본식으로 기노시타 쇼조라고 부르자 조사관을 꾸짖으며 이렇게 외쳤습니다.

"나는 기노시타 쇼조가 아니라 조선 사람 이봉창이다."

조사관은 또 이봉창의 뒤에 김구가 있음을 눈치 채고 김구의 이름을 대면 풀어 주겠노라고 유혹을 하기도

했습니다. 그러자 이봉창은 또다시 소리쳤습니다.

"시끄럽다. 네놈들이 무얼 안단 말이냐. 너희 같은 졸개들과는 상대하지 않을 것이다!"

결국 그해 10월, 이봉창은 사형을 선고 받았습니다. 그의 나이 33세 때 일입니다.

저기요, 선생님! 이런 게 궁금해요
일본의 중요 인물을 암살하라

일본의 민족 말살 정책과 수탈 정책

일본은 조선 사람의 민족 의식을 없애기 위해서 온갖 일을 저질렀어요.
우선 1940년에 우리의 말과 글을 사용하지 못하도록 했지요. 학교에서는 한국어 교육이 폐지됐고, 대신 일본어를 배우도록 했어요. 이것뿐만이 아니에요. 일본 사람은 조선 사람들의 이름과 성을 일본식으로 바꾸도록 했어요. 이것을 창씨개명이라고 해요. 만약 창씨개명을 거부할 경우에는 학교에 갈 수도 없었고, 식량을 배급받거나, 기차를 타는 등의 일도 금지되었어요. 그리고 일제의 철통 같은 감시를 받아야 했어요.

◐ 공출 보국 사발. 일제가 무기를 만들기 위해 조선 가정의 놋쇠 그릇을 모두 빼앗아간 뒤 나누어 준 사기 그릇

◐ 일제가 한국어 사용을 금지하고 일본어 사용을 강요한 포스터

또한 신사 참배를 강요했지요. 신사는 일본 왕실에서 조상이나 국가에 공을 세운 사람을 모셔 놓은 사당을 말해요. 일본 사람들은 우리에게 억지로 자신들의 조상을 사당에 모셔 놓고, 날마다 절을 하라고 강요했어요. 우리 민족의 근본을 없애고, 정신을 일본화시키려는 계략이었지요. 기독교 학교 가운데서는 신사 참배를 거부했다가 폐교 당한 곳도 있었어요.
일본이 저지른 행동은 이것만이 아니에요. 그들은 우리 역사를 왜곡했지요. 옛날 일본은 우

◆ 남산에 있던 조선 신궁

리의 도움을 많이 받았어요. 특히 삼국 시대 때 일본은 문화적으로 우리의 도움을 많이 받기도 했어요. 미개한 일본인들에게 책을 전해 주었고, 학자를 보내 지식을 가르쳤어요. 세련된 공예 기술도 전파했지요. 일본은 이런 과거를 숨기고 싶어 했답니다. 그래서 오히려 자신들이 백제를 지배했다고 우기기도 했지요.

또 일본은 중국과 전쟁을 할 때에 필요한 무기를 만들기 위해 우리나라의 물자를 마음대로 빼앗아 갔어요. 심지어 숟가락이나 젓가락까지 빼앗았지요.

그리고 우리나라 사람들을 데려다가 전쟁에 참여시키기도 했어요. 젊은 남자들은 전쟁터나(징병) 광산이나 비행장과 같은 노동 현장(징용)으로 끌려갔어요. 전쟁터에 끌려간 남자들 중 일부는 탈출하여 훗날 독립군이 되는 사람도 있었지만, 대부분은 전쟁터에서 이름도 남기지 못하고 목숨을 잃었답니다. 징용으로 끌려간 사람들도 마찬가지였어요. 그들은 죽을 때까지 일하다가 죽었고, 상당수의 사람들은 해방이 된 뒤에도 돌아오지 못했답니다.

젊은 여자들은 정신대(일본군 위안부)라는 이름을 끌려갔어요. 이들 역시 일본군이 발을 뻗었던 중국과 필리핀 등지에서 비참한 생활을 하다가 목숨을 잃고 말았답니다.

게다가 일본은 우리 민족의 정기를 끊어 놓겠다며 명당자리를 찾아서 쇠말뚝을 깊숙이 박아 놓았어요. 그때 박아 놓은 쇠말뚝이 아직

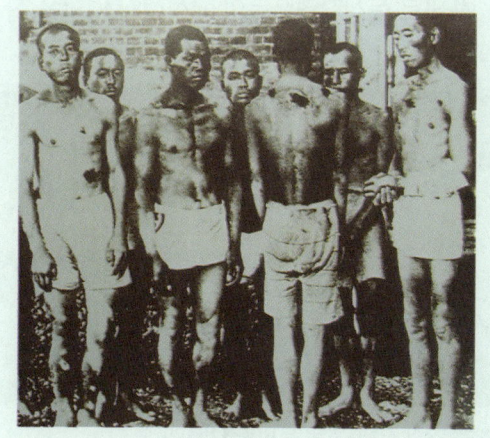
◆ 징용으로 끌려 간 조선 사람들

도 이곳저곳에서 발견되고 있지요.

일본이 저지른 만행이 한두 가지가 아니지요? 우리의 민족성을 없애고 독립 의지를 꺾기 위해 온갖 방법을 동원한 거예요. 하지만 우리나라 사람들의 정신은 쉽게 수그러들지 않았어요. 그 결과 우리는 해방을 맞이할 수 있었지요.

 일제 강점기 민족의 혼을 지키기 위한 노력

일본은 날이 갈수록 조선에 대한 착취를 강화하고, 만행을 서슴지 않았어요. 그럼에도 불구하고 조선 사람들은 민족의 혼을 되살리고 일본의 폭압적인 통치에서 벗어나고자 애썼지요.

조선물산장려운동

3·1운동 이후, 일본의 지배와 경제적 착취가 더욱 극심해졌어요. 이때, 지식인들은 사람들에게 민족정신을 일깨우고 일본의 예속에서 조금이라도 벗어나기 위해서는 우리 물건을 쓰고 우리의 산업과 경제를 육성시켜야 한다는 생각에 이르게 되었어요. 이것이 물산장려운동의 시작이었어요.

1923년 2월 16일, 20여 개의 민족단체 대표와 회원들 3천여 명이 모임을 발족시켰어요. 이들이 바로 물산장려운동의 핵심적인 역할을 하게 되었답니다. 이들은 곧 구체적인 행동 요령을 만들어 실천하기로 했어요.

첫째, 옷을 입을 때 남자는 무명베로 만든 두루마기를 입고, 여자는 검정색 물을 들인 무명치마를 입는다. 둘째, 설탕과 소금, 그리고 과일과 음료를 제외한 나머지 음식물은 모두 우리 것을 사서 쓰도록 한다. 셋째, 일상생활에 필요한 용품은 토산품을 사용한다. 다만 부득이한 경우 외국의 것

◐ 물산장려운동의 취지를 적은 문서(독립기념관)

을 사용하되, 이때에도 가급적 절약한다.

이렇게 시작된 서울의 물산장려운동은 토산품애용부인회, 경남 의령의 토산품장려 및 금연 실천운동 등으로 번져 전국민의 애국운동으로 퍼져갔지요. 하지만 이를 못마땅하게 여긴 일제의 탄압과 방해로 오래지 않아 빛을 잃고 말았답니다.

신간회

1927년 2월에는 이상재와 안재홍, 그리고 신채호 등 34명의 민족지도자들이 모임을 만들고 일제에 적극적으로 대항했어요. 이들은 비록 정치적 사상이 달랐지만, 조선 민족의 정치·경제적 해방을 실현하고, 우리 민족의 공동 이익을 위해 투쟁한다는 생각은 같았어요. 그리하여 첫 회장으로 이상재를 뽑아 일본의 민족적·정치적·경제적 예속으로부터 벗어나고, 또한 언론과 출판·집회의 자유를 실현하기 위해 노력했어요. 뿐만 아니라 조선 민족을 수탈하는데 앞장섰던 동양척식회사(조선에 대한 경제의 독점과 토지 및 자원 수탈을 목적으로 일본이 세운 회사)에 반대했으며, 근검절약 운동을 펼쳤어요. 전국에 조직을 두었으며, 한때는 회원이 3만 9천여 명에 이르렀답니다. 하지만 일본의 노골적인 방해와 탄압, 그리고 내부의 분열로 신간회는 만들어진 지 4년 만에 해산되고 말았답니다.

○ 신채호 동상

일장기 말소사건

제 11회 베를린 올림픽(1936년 8월 9일)의 마라톤 우승자 손기정은, 42.195Km를 2시간 29분 19초에 주파하여 세계신기록을 세웠습니다. 이때, 독일의 독재자 아돌프 히틀러가 그의 목에 금메달을 걸어주었습니다. 하지만 당시 조선은 일본의 지배 아래에 있었기 때문에 일장기를 가슴에 안고 뛰어야 했지요. 이름도 '손 기테이'였습니다. 손기정은 시상식 때 태극기가 아닌 일본 국기가 게양되는 것을 보고 눈물을 흘렸어요.

○ 손기정이 올림픽 마라톤 우승 기념으로 받은 그리스 무사의 투구

하지만 손기정은 인터뷰에서 자신의 조국이 조선임을 밝혔고, 인터뷰에서도 그 사실을 분명히 했지요. 시상식 때에는 자신의 가슴을 가리고 있는 일장기가 부끄러워 월계수로 가렸답니다. 이 일로 손기정은 일본으로부터 한동안 마라톤을 하지 말라는 명령을 받았지요.

그러던 8월 25일, 동아일보의 이길용 기자는 손기정의 금메달 소식을 전하면서 손기정의 가슴에 선명한 일장기를 지워버렸어요. 이 일로 일제는 동아일보를 무기한 정간시켰고 사건을 주도한 이길용 기자는 구속되고 말았습니다. 9개월 후, 동아일보는 복간되었고, 비록 일본에 사과했지만, 우리 민족의 자긍심을 일깨우는 사건이었답니다.

○ 손기정의 가슴에 일장기를 지우기 전과 후의 모습

조선어학회의 한글 연구

○ 1932년에 조선어학회의 기관지로 창간된 〈한글〉

한글에 대한 연구는 이미 1900년 즈음부터 시작되었지요. 그러던 중 일본의 침략으로 나라가 위기에 빠지자 민족의 혼을 지켜야 한다는 생각에서 지식인들은 1921년 12월, 조선어연구회를 창립했어요. 여기에는 우리말 연구의 선구자라고 할 수 있는 주시경 선생의 제자들이 적극 참여했지요. 이들은 1931년 1월 학회의 이름을 '조선어학회'로 고쳤고, 훗날(1945년) '한글학회'로 이름을 다시 한 번 개칭했답니다. 조선어연구회는 본격적으로 한글 연구에 몰두하여 1929년에 조선어사전편찬회를 발족시키고 한글맞춤법통일안과 외래어 표기 등의 규칙을 마련하기도 했어요.

이러한 노력은 일본이 창씨개명, 한국어의 사용 금지 및 일본어 사용 의무화, 조선어 교육 폐지 등의 탄압을 노골화하는 중에 벌어진 일이어서 매우 의미있는 일이었답니다. 특히 1931년부터는 조선일보와 동아일보에서 벌이던 문맹퇴치 운동에 적극 참여하여 교재를 편찬하기도 하는 등, 우리의 민족 혼을 살려내기 위해 무던히도 애를 썼지요.

하지만 1942년에 이르러 일제의 탄압으로 말미암아 우리 말을 연구하던 학자 33명이 검거되어 감옥에 갇히는 일이 일어나기도 했답니다(조선어학회 사건).

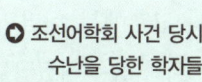
○ 조선어학회 사건 당시 수난을 당한 학자들

선생님과 역사 읽기 ••• 우리의 전통 음식을 찾아서

하나, 우리나라를 대표하는 김치

포기김치

백김치

열무김치

▶김치는 어떻게 만들기 시작했나요?

우리나라는 오래전부터 벼농사를 짓고 밥을 지어 먹으면서 쌀을 주식으로 했습니다. 하지만 쌀만으로는 모든 영양소를 골고루 섭취할 수 없었어요. 그래서 채소를 곁들여서 반찬으로 먹어야 했지요.

그러나 겨울에는 채소를 재배하는 게 어려웠습니다. 지금처럼 비닐하우스가 있다면 모르겠지만 예전에는 이런 게 없어서 겨울에 반찬을 만들어 먹기가 어려웠어요. 사람들은 고민 끝에 김치를 담그기 시작했어요. 김치를 담그면 한겨울에도 채소를 먹을 수 있으니까요. 김치 덕분에 겨울에 부족했던 영양소를 섭취할 수 있게 된 거지요.

▶침채, 팀채, 그리고 딤채로

옛날에도 지금처럼 빨간 김치를 먹었을까요? 그렇지 않아요. 빨간 김치를 먹으려면 고춧가루가 필요한데, 고추는 토종 작물이 아니에요. 일본에서 들여온 외래 작물이지요. 임진왜란 전에는 고추가 없었어요. 그래서 그 전에 우리가 먹었던 김치는 하얀 김치였어요. 소금으로 간을 한 물기 많은 김치가 초기 김치의 모습이었지요.

김치의 처음 이름은 '채소를 소금물에 담근다.'는 뜻의 '침채'였는데요. 이것이 '팀채'를 거쳐서 '딤채'로 불리다가 나중에 '김채'가 되었어요. 그리고 지금의 '김치'로 불리게 되었답니다.

조선 중엽이 지나서야 지금 우리가 먹는 맵고 빨간 김치가 등장해요. 일본으로부터 많은 양의 고추가 들어오면서 고춧가루를 김치에 넣기 시작했기 때문이지요. 고추에는 비타민 C·E가 풍부하게 들어 있어서 김치의 영양은 더욱 풍부해졌답니다.

총각김치

▶아이 짜! 김치는 왜 남쪽으로 갈수록 짜나요?

김치를 담그는 법은 지역에 따라 차이가 커요. 들어가는 재료도 다르지요. 지역의 기후에 맞게 김치를 담가 먹어서 그래요.

북쪽부터 살펴볼까요? 북쪽은 서늘한 날씨를 가지고 있어요. 이 지역은 고춧가루를 거의 넣지 않고 산뜻하게 김치를 담가 먹어요. 시원한 동치미나 백김치는 북쪽에서 발달한 김치예요.

반면에 더운 남쪽 같은 경우에는 김치가 빨리 쉬어 버리는 문제가 있었어요. 그래서 이왕이면 짜고 맵게 만들었지요. 또 더운 날씨에는 땀을 많이 흘리기 때문에 부족한 염분을 짠 맛으로 보충할 필요도 있었어요.

재료의 차이도 있었지요. 남쪽은 바다가 가깝기 때문에 젓갈을 넣어 간을 했어요. 그래서 김치 맛이 시원하답니다. 경상도는 멸치젓, 꽁치젓, 갈치젓 등을 넣었고, 전라도는 생멸치젓에 찹쌀을 갈아서 김치의 양념으로 이용했지요.

갓김치

▶종합 영양제, 김치

김치는 맛도 좋지만 영양이 아주 풍부해서 세계인이 주목하는 식품이에요. 배추에는 비타민 A가 풍부하고, 재료로 쓰이는 고추의 경우는 사과보다 50배나 많은 비타민 C가 들어 있어요. 게다가 젓갈로 사용되는 멸치나 새우에는 단백질과 칼슘 그리고 지방까지 함유하고 있어요. 일반 채소 요리로는 이렇게 다양한 영양소를 섭취하기가 어려워요.

오이소박이

장김치

그럼 몸에 어떻게 좋은지 자세히 알아볼까요? 배추는 섬유질이 풍부해서 변비나 성인병 예방에 좋고요. 김치가 익을 때 생성되는 젖산균은 몸속의 지방을 분해해 주기 때문에 다이어트에도 좋아요. 장에 생긴 나쁜 균들도 젖산균이 막아 주기 때문에 건강에 그만이지요. 이것뿐만이 아니에요. 양념으로 들어가는 생강과 마늘, 고추에는 암은 물론이고 노화까지 방지해 주는 요소가 있다고 해요. 이만하면 대한민국을 대표하는 음식으로 손색이 없겠지요?

▶기므치와 다른 김치!

세계인들 중에는 김치가 우리 것이 아닌 일본 것이라고 생각하는 사람들도 있대요. 일본이 '기므치'라는 이름으로 세계 시장에 내다 팔았기 때문이에요. 일본은 김치의 우수성을 잘 알고 있었어요. 하지만 아무리 일본이 우리 김치를 흉내 낸다고 해도 우리나라 김치 특유의 맛을 따라잡기는 어려운 일이었지요. 그러나 잘못하다가는 전통 음식인 김치를 일본에게 뺏길 수 있으니 지금부터라도 우리의 전통과 문화에 더 관심을 갖고 지켜야 해요.

둘, 음식에 담겨 있는 이야기

▶외국인들이 좋아하는 최고의 음식, 불고기

외국인들이 무척 좋아하는 우리 음식이 있어요. 바로 불고기예요. 물론 김치도 인기 있지만 김치는 매운 맛 때문에 먹지 못하는 외국인도 있어요. 하지만 불고기는 누구나 쉽게 먹을 수 있는 맛좋은 음식이지요. 아주 옛날에도 우리 조상들이 불고기를 먹었다는 사실 알고 있나요? 물론 지금과는 다른 모습이었어요.

불고기는 원래 고구려 사람들이 먹던 음식이에요. 소고기를 양념장에 재워 놓고 불에 구워서 먹던 것이 불고기의 원조지요. 불고기는 중국에까지 전해졌는데, 그들은 이것을 '맥적'이라고 부르면서 무척 좋아했다고 해요. 여기서 '맥'은 고구려 민족을 뜻하는 맥족에서 유래된 것이에요.

그럼 원조 불고기를 어떻게 만들었는지 살짝 볼까요? 먼저 숯불을 준비해야 해요. 숯 위에 재를 살짝 덮고 석쇠를

옛날의 찬합
음식을 보관하거나 운반할 때 썼다.

올려요. 잘 달궈진 석쇠 위에 고기를 얇게 올리고 살짝 구워 내지요. 그 다음에 구운 고기를 찬물에 세 번 담구고 다시 세 번 굽기를 반복해요. 그런 다음에 양념을 바른 후 다시 구워 먹는 방식이에요. 양념은 소금, 기름, 간장, 마늘, 후추, 차 등을 혼합해서 만들어요.

고려 시대에도 불고기가 있었어요. 원나라에서 온 사신은 불고기를 먹고는 그 맛에 반해서 요리법을 배워 가기도 했어요. '고려육'이라고 불리는 이 불고기는 아직도 중국 남경 지방에서 찾아볼 수 있어요.

누구나 감탄하는 고기 요리법! 우리 조상들은 요리 솜씨가 아주 뛰어났던 것 같지요?

▶모자 위에 끓여 먹는 전골

커다랗고 오목한 냄비에 재료를 넣고 끓여 먹는 요리를 전골이라고 해요. 전골은 즉석에서 끓여 먹는 맛이 일품이지요. 전골은 재료에 따라서 이름이 다양해져요. 버섯을 넣으면 버섯전골, 낙지를 넣으면 낙지전골이 되지요.

이 요리를 처음으로 만들 때는 모자가 중요한 도구였어요. 어떻게 모자로 요리를 만드냐고요? 전골 요리를 하려면 철로 만든 모자가 필요해요. 전쟁에서 군인들이 쓰는 튼튼한 철모 말이지요. 전골 요리의 시작이 전쟁 때였기 때문이에요. 전쟁 중에 군사들은 특별한 조리 도구가 없었어요. 그래서 머리에 쓰고 있던 철모를 뒤집어서 그 속에 물과 재료를 넣고는 음식을 만들어 먹었지요. 이것이 전쟁 후에도 그대로 남아서 전골을 끓여서 먹게 됐어요. 물론 이 때는 진짜 모자를 사용하는 대신 모자를 본떠서 냄비를 만들었지요.

다식판

떡살

▶이름이 필요한 음식들

명태는 제사상이나 차례상에서 빠지지 않는 단골 생선이에요. 우리나라에서도 가장 많이 잡히는 생선 가운데 하나지요. 그런데 조선 초에는 사람들이 명태를 먹지 않았어요. 이름 없는 물고기라 불길하게 여겼거든요. 참 이상하지요. 이름을 지

나무로 만든 숟가락

어 주면 좋을 텐데 말이지요. 명태는 언제부터 이름을 갖게 됐을까요?

조선 중기에 명천 지방에 사는 어부가 있었어요. 어부는 이름을 알 수 없는 생선을 잡아서 관찰사에게 바쳤지요. 관찰사는 이 고기가 너무나 맛있었던 모양이에요. 그래서 사람들에게 고기의 이름을 물었는데, 아무도 이름을 가르쳐 주지 않았어요. 이름이 없었으니까 말이지요. 관찰사는 이름이 없다는 사실을 알고 생선에 이름을 지었어요. 명천 지방의 첫 글자를 따서 '명'을 짓고, 생선을 가져다 준 어부의 성인 '태'를 따서 '명태(明太)'라는 이름을 붙였답니다.

이름 없는 맛있는 음식이 한 가지 더 있었어요. 바로 쫄깃쫄깃한 인절미가 그렇지요. 콩고물과 팥고물을 묻혀서 먹으면 더욱 맛있는 인절미. 혹시 인절미라는 이름이 어떻게 지어졌는지 알아요? 조선 시대 인조 임금은 이괄의 난으로 피난을 가던 중이었어요. 피난 중에 백성 하나가 떡을 올렸는데, 그 떡이 인조의 입맛에 딱 맞았던 모양이에요. 맛있게 떡을 먹은 인조는 음식의 이름이 궁금해졌어요. 하지만 아무도 이름을 답할 수 없었지요. 명태처럼 이름이 없었으니까요. 인조는 떡의 맛이 뛰어나게 좋다는 의미로 '절미(絶味)'라고 이름을 붙이고, 후에 떡을 바친 백성의 성인 '임'자를 붙여서 '임절미'라고 불렀어요. 그게 지금의 '인절미'가 되었지요.

▶빈대떡과 수제비가 고급 음식이라고요?

빈대떡과 관련된 재미난 노래가 있어요. '돈 없으면 집에 가서 빈대떡이나 부쳐 먹지~.' 라는 노래 가사를 들어본 적 있나요? 가사를 봐서 알겠지만, 빈대떡은 주머니가 가벼운 사람들이 쉽게 먹을 수 있는 음식이에요. 수제비 또한 6·25 전쟁 때 서민들이 배고픔을 달래기 위해 먹었던 음식이지요. 그런데 이 두 음식 모두 옛날에는 양반들이나 맛볼 수 있었던 고급 음식이었어요.

빈대떡은 녹두를 지지고 그 안에 꿀이나 팥을 넣어서 만든 음식이에요. 겉에는 대추나 잣을 올려서 장식을 했어요. 이 재료들은 백성들이 쉽게 구할 수 없는 귀한 것이라 양반들이나 먹을 수 있는 고급 요리에

녹두빈대떡

속했어요.
그러다가 흉년이 들면서 양반들이 백성들에게 빈대떡을 던져 주면서 가난한 백성들도 먹을 수 있었지요. 그래서 '빈자(貧者)떡'이라고도 불렀답니다. 무척 인심 좋은 양반이냐고요? 이때 던져 준 빈대떡은 양반들이 먹던 것과는 재료가 달랐어요. 적당히 싼 재료를 넣어서 만든 빈대떡이었지요.

옛날 사람들이 쓰던 함지

수제비는 통일 신라를 전후해서 먹었던 것으로 짐작되어요. 고려 시대에도 수제비의 원료가 되는 밀이 얼마 재배되지 않았지요. 당시 밀가루는 무척 귀한 재료였지요. 수제비는 양반집 잔치에서나 맛볼 수 있는 별미였어요.
이렇게 귀하게 여겨졌던 수제비가 어떻게 이렇게 흔한 음식이 된 것일까요? 일제 강점기 때 우리 백성들은 굶주림에 시달려야 했어요. 그때 사람들에게 식량으로 배급된 게 밀가루였지요. 사람들은 밥 대신 수제비를 먹으면서 허기를 달랬고, 이때 수제비는 서민의 음식이 된 거예요.

▶귀신을 쫓는 음식

동짓날 먹는 대표적인 음식은 팥죽이에요. 우리 조상들은 옛날부터 세시 풍속에 맞게 음식을 해 먹었어요. 그렇게 함으로써 조상들께 감사를 드리고, 안 좋은 일을 미리 막을 수 있다고 믿었거든요. 동지는 일 년 중에 밤이 가장 길고, 낮이 가장 짧은 날이에요. 우리 조상들은 동짓날을 새로운 해의 시작을 알리는 절기라 하여 무척 의미 있게 생각했어요.
동짓날은 붉은 팥으로 죽을 쑤어 먹었어요. 예로부터 붉은색은 악한 기운을 물리쳐 준다고 여겨졌지요. 그래서 팥죽을 먹으면 몸 안에 나쁜 기운을 몰아낼 수 있다고 믿었어요.
팥죽 안에는 찹쌀로 새알을 만들어서 넣어 먹기도 했어요. 새알은 나이 수만큼 먹어야 했어요. 연세가 많으신 할아버지, 할머니의 경우에는 많이 잡숴야 했겠지요?
팥죽은 먹기도 했지만 지역 풍습에 따라 팥을 솔가지에 묻혀서 사방에 뿌리는 곳도 있었어요. 우물에 팥을 넣어서 질병이 사라지기를 기원하는 곳도 있었지요.

팥죽

대한 독립 만세

김구는 보다 효율적인 독립 운동을 위해 통합된 군사를 조직합니다. 조직력을 키워 전투력이 강화된 광복군은 외국과의 공동 전투에도 참여하는 등 활약을 펼치기 시작합니다.

1931년 일본은 만주 사변을 일으켰습니다. 그들은 곧 만주를 점령하고 점점 더 중국 대륙 안쪽으로 뻗어 나갔습니다. 급기야 1937년에는 중·일 전쟁이 일어나고 일본은 더 강력한 무력을 행사하며 중국 땅을 야금야금 파먹기 시작했습니다.

이 무렵, 한국의 임시 정부에서는, "독립 전쟁을 개시하여 나라를 구할 시기가 다가왔다!"라고 선언하였습니다.

그러나 독립 전쟁을 위해서는 반드시 군대가 필요했습니다. 물론 이곳저곳에 무력으로 대항하는 독립군 부대가 있었지만 그들의 세력을 하나로 통합하여 보다 계획적으로 일본군에 맞설 필요가 있었습니다. 뿐만 아니라 이전보다 강한 군사력을 갖지 않으면 일본과의 전쟁에서 이길 수가 없는 상황이었습니다.

"우리에게도 독립된 군대가 필요하오."

"그렇습니다. 이젠 일본과 싸우는 연합국의 일원으로써 대한의 군대를 창설해야 합니다. 그래야만 나중에 독립이 되었을 때에도 당당하게 우리의 역할과 권리를 주장할 수 있습니다."

김구를 비롯한 임시 정부의 사람들은 한결같이 그렇게 말했습니다. 그리고 곧 임시 정부는 국무 회의를 열고 광범위한 군사 조직을 결성하기로 결정했습니다. 이로써 광복군의 창설은 적극적으로 추진되기 시작했습니다.

그로부터 3년 뒤, 임시 정부는 드디어 중국의 충칭에서 김구와 김규식, 그리고 지청천 등을 중심으로 모였습니다. 그리고 만주와 시베리아에서 활동하던 신흥 무관 학교 출신의 독립군과 중국 대륙에서 독립 운동을 하던 한국 청년들을 더 모아 광복군을 창설하였습니다.

1940년 9월 17일의 일입니다.

이날 김구는 약 백여 명의 공작 대원과 수많은 축하 인사

만주 사변

일본 관동군이 만주 지역을 점거하기 위해 일으킨 전쟁입니다. 그들 스스로 만철 선로를 폭파한 뒤, 그것을 중국측 소행이라고 트집을 잡아 군사 행동을 시작하였지요. 이어 1932년, 일본은 내몽고의 러허성 지역을 포함하여 만주국을 세우고 이곳을 대륙 침략의 기지로 삼습니다. 그뒤 이것은 중일 전쟁의 발단이 됩니다.

신흥 무관 학교

신흥강습소, 신흥중학교, 신흥 무관 학교로 이름이 변하였습니다. 교육 과정으로는 하사관반, 특별훈련반, 장교반 등을 두었으며 2,100여 명의 독립군을 배출했습니다. 이들은 청산리 전투 등에서 활약을 펼쳤으나 일제의 압박으로 1920년에 폐교되었습니다.

○ 광복군의 훈련 모습(독립기념관)

지청천

'이청천'이라는 이름으로도 알려져 있으며 정치가이자 독립 운동가였습니다. 한국독립군 총사령관을 지냈으며, 동아 혈성동맹의 일원으로 전국의 항일 단체의 힘을 모으는 데 앞장섰습니다. 임시 정부의 광복군 총사령관에 임명되었으며, 광복 후 귀국하여 국회의원을 지냈습니다.

들이 지켜보는 가운데 이렇게 선언했습니다.

"광복군은 1919년의 임시 정부 군사조직법에 근거하여 중국 최고 책임자인 장제스의 특별 허가를 받아 조직되었습니다. 이에 중화민국(대만)과 합작하여 두 나라가 독립을 회복함을 목표로 하고, 세계의 적인 일본 제국주의자들을 타도하기 위하여 연합군의 일원으로 항전을 계속해야 합니다. …… 또한 우리들은 한·중 연합 전선에서 우리 스스로의 부단한 투쟁을 하여 아시아 인민들이 자유 평등을 쟁취할 것을 약속하는 바입니다!"

이때 총사령에 지청천이, 참모장에는 이범석이 임명되었

습니다. 마침내 광복군의 본격적인 활동이 시작되었습니다.

광복군은 〈광복〉이라는 책자를 펴내 애국 청년을 모으고 광복군의 활동을 널리 알리기 시작했습니다. 또한 강제로 일본군에 끌려갔던 청년들을 새로이 광복군에 입대시켰습니다.

1941년, 일본은 기어코 태평양 전쟁을 일으켰습니다. 광복군은 이때 일본에 대해 정식으로 선전 포고했습니다. 그리고 한국이 연합국의 일원으로 전쟁에 참가할 것임을 널리 알렸습니다. 이런 사실이 알려지자 중국 정부도 광복군의 활동에 협조하기 시작했습니다.

1942년 7월에는 김원봉이 이끌던 조선의용대가 광복군에 통합되었습니다. 이를 통해 광복군의 세력은 더 커졌고, 광복군은 지청천을 사령관으로 하여 3개 지대로 재편성되었습니다.

1943년에 이르러 광복군의 전투력과 전력은 크게 강화되었습니다. 중국군에 의해 체포된 일본군 중에는 강제로 끌려간 한국 사람들이 많았습니다. 이들이 풀려나면서 광복군에 편입되었고 또한 개별적으로 일본군으로부터 탈출한 한국 청년들까지 광복군 병사가 되었습니다. 광복군

> ✔ **광복군**
> 1940년 일제 강점기에 중국에서 우리나라의 독립을 위하여 조직된 군대입니다. 총사령관에 지청천, 참모장에 이범석이 취임하였으며 군사 활동뿐만 아니라 외교 활동을 병행하며 일본에 저항했습니다.

○ **1940년대 광복군 군복**

○ 창설 당시의 광복군

은 한국이 연합국의 일원임을 강조하며, 외국과의 공동 전투에도 참여하였습니다.

1944년 5월에는 미얀마 지역의 영국군 지휘부와 협정을 체결하고 별동대를 미얀마에 참전시켰습니다. 이곳에서 광복군은 영국군과 연합하여 일본군 부대를 무찌르는 데 크게 공을 세웠습니다. 그런 뒤에 광복군은 곧바로 인도 전선에 파견되었습니다.

이윽고 1945년, 광복군은 모든 전력을 기울여 국내 잠입 작전을 시도했습니다. 특히 광복군은 비행대까지 편성해 특수 훈련까지 받았습니다. 또 미국의 OSS(미국 CIA의 옛 이름이에요)로부터 비밀 작전을 제의 받았습니다. 작전의 이름은 납코 작전(Napko Project)이었습니다. 그것은 일본에 한국의 스파이를 보내 첩보 작전을 수행하는 일이었습니다.

곧 광복군 대원 스무 명이 미국에 파견되어 8월 4일까지 특수 훈련을 받았습니다. 암호 해독과 사격 등 첩보원에게 필요한 훈련들이었습니다. 그러나 그로부터 열하루 뒤, 미국의 원자 폭탄 투하로 일본군이 무조건 항복을 함으로써 특수 부대의 파견은 이루어지지 않았습니다.

하지만 광복군의 활동은 독립을 앞당기고 우리나라의 위상을 널리 알리는 데 아주 큰 역할을 했습니다.

미국은 왜 원자 폭탄을 사용했을까?

일본의 히로시마에 원자 폭탄이 떨어진 것은 정확히 1945년 8월 6일이었습니다. 그리고 3일 후에는 나가사키 지역에 또 한발의 원자 폭탄이 떨어졌답니다.

폭탄 참사가 있기 전, 아시아 지배를 꿈꿨던 일본은 미국에게 협조를 받지 못하자 진주만을 기습했습니다. 미국은 이로 인해 제2차 세계 대전에 적극 참여하게 되지요. 결국 미국과 영국을 중심으로 한 연합군에 의해 유럽 지배를 꿈꾸던 독일은 무너지고 일본만 남게 됐습니다. 그러나 일본은 쉽게 포기하지 않았습니다. 일본 본토에 하루에 수십 차례나 폭격기를 이용한 공격을 퍼부었지만 소용없었지요. 오히려 의용군을 모집하며 고집을 꺾지 않았습니다.

결국 미국은 사상자도 줄이고 소련의 참전을 막기 위해 하루라도 빨리 전쟁을 끝내야 할 필요성을 느꼈습니다. 때마침 미국은 약 한달 전인 7월 16일에 원자 폭탄 제조 실험에 성공했지요.

◐ 일본에 투하된 원자 폭탄

미국은 폭탄을 떨어 뜨리면 직접 싸우지 않아도 되니 사상자도 줄일 수 있고, 새로운 무기의 위력을 알아볼 수도 있어 일석이조라 생각했습니다.

그렇게 원자 폭탄은 일본 땅에 떨어졌습니다. 이때 원자 폭탄으로 인한 살상자는 약 35만에 이르는데, 이중 20만 명이 목숨을 잃었지요. 그러나 약 3만 5천의 희생자는 다름아닌 우리나라 사람들이었답니다.

◐ 원자 폭탄 투하로 폐허가 된 히로시마의 젠바쿠 돔

선생님과 역사 읽기 ••• 우리 악기 이야기

덩덕쿵 쿵덕! 얼쑤~ 좋다! 우리 것은 소중한 것이여!

현대인들은 늘 음악을 가까이 하고 살아요. 찻집이나 옷 가게에 들어가도 음악이 흐르지요. 또 mp3나 CD 플레이어, 휴대폰처럼 언제 어디서나 음악을 들을 수 있는 전자 제품이 많기 때문에 손쉽게 음악을 접할 수 있지요. 자, 이렇게 음악을 듣고 즐겁게 흥얼거리는 일이 요즘에만 있는 것은 아니겠지요? 우리 조상들도 노래를 부르고 춤을 추는 것을 무척 좋아했다고 해요. 그럼 우리 조상들이 어떤 악기를 사용했고, 언제 노래를 부르고 춤을 췄는지 알아볼까요?

우리 악기를 연주하는 모습

우리 음악은 어떻게 시작되었나요?

우리의 전통 음악은 아주 오랜 역사를 가지고 있어요. 우리 음악이 시작된 시대는 구석기 나 신석기 시대 정도로 추측되고 있지요. 지금까지 남아 있는 악기가 있냐고요? 따로 발견된 악기는 없지만, 아마 돌이나 나무 등을 두드려서 연주했을 거라고 보고 있어요. 그래서 이 시대 음악은 음악이라기보다는 그냥 소리에 가깝지 않았을까 추측돼요. 아마 신께 제사를 올릴 때 음악을 사용했을 거예요. 소리를 지르고 몸을 흔들고, 아무 것이나 두드리면서 말이지요.

우리가 춤과 노래를 즐겼다는 사실은 중국의 역사책에도 나와 있어요. 《삼국지》의 〈위지동이전〉에 나오는 고구려, 부여, 삼한 등 초기 국가의 기록을 보면 우리 민족이 노래하고 춤을 추며 즐긴다는 기록이 있어요. 외국에 알려질 만큼 우리가 춤과 노래를 즐긴 모양이에요.

삼국 시대의 춤과 노래는 제천 의식과 밀접한 관련이 있어요. 제천 의식은 하늘에 제사를 지내며 풍요한 수확에 감사 드리는 행사랍니다. 단체로 모여서 술을 마시고, 노래를 부르면서 장단을 맞추는 모습이 상상되나요?
이후 국제적 교류를 통해서 중국과 인도 등지의 음악과 기존의 음악이 조화를 이루면서 지금의 전통 음악이 완성된 것이에요.

우리 음악의 갈래

현대 음악은 클래식, 발라드, 재즈, 락, 힙합, 댄스 등 다양한 갈래로 나뉘어 져요.
하지만 오래전 우리의 음악을 나누는 기준은 지금과 달랐습니다. 우리의 전통 음악은 음악을 듣고 즐기는 사람이 누구냐에 따라서 음악을 나눴어요. 궁중에서 즐기는 음악과 백성들이 즐기는 음악이 각각 달랐어요.
크게 나눠 보자면 정악과 민속악으로 나눌 수 있지요. 정악은 궁중과 양반층에서 즐기는 음악이에요. 기쁨과 슬픔 등의 감정이 절제된 음악이지요. 민속악은 당시 백성들이 즐겼던 음악이에요. 인간의 감정이 솔직하게 표현되어 있어요.
자, 그러면 좀 더 자세하게 알아볼까요?

▶정악

정악은 궁중과 양반이 주로 즐기던 음악이라고 앞서 밝혔지요? 이 정악은 다시 제례악, 연례악, 군례악, 풍류, 정가로 나눌 수 있어요.
제례악은 공자와 맹자 등의 성현께 제사를 드릴 때 쓰는 문묘 제례악과 조선 임금과 왕비들의 제사를 지낼 때 쓰는 종묘 제례악이 있어요. 종묘 제례악은 우리 무형 문화재 제1호로도 지정되어 있지요.
연례악은 궁중에서 잔치 때 사용되는 음악이에요. 궁중에서 임금이 연회에 입장할 때도 연례악을 사용하지요.
군례악은 행진곡이라고 보면 됩니다. 임금이 행차할 때나 군사들이 행진할 때 사용한 음악이지요.

종묘 제례악

풍류는 실내에서 즐기는 음악이에요. 선비들이 사랑방에서 연주하던 음악인데 훗날 궁중 잔치 음악으로도 사용되어요.
정가는 선비들이 정자에 모여 앉아서 부르는 노래로 주로 시조에 음을 붙여서 불렀어요.

▶민속악

풍물놀이

민속악은 일반 백성들이 즐기는 음악으로 기악, 종교 음악, 성악 등으로 나눌 수 있어요.
기악과 성악을 나누는 기준은 악기를 사용하느냐, 악기를 사용하지 않느냐로 나눠요. 기악은 악기를 사용하고 성악은 사람의 목소리를 사용해요.
우리의 민속 기악을 살펴보면 풍물놀이와 산조, 시나위가 있어요.
풍물놀이는 옛날부터 지금까지도 무척 즐기는 음악이지요. 보통 농촌에서 김매기, 모심기 등의 힘든 일을 할 때에 흥을 돋우기 위해 연주되었어요. 여러 악기를 연주하며 춤추고 노래하며 곡예를 곁들이기도 한답니다.
산조는 기악의 꽃이라고도 불려요. 글자대로 해석하면 '흩은 가락'이라는 뜻이지요. 정해져 있는 장단 틀 안에서 자유롭게 연주를 할 수 있어요. 산조는 연주자 혼자 즉흥적으로 연주하는 음악이지요.
시나위는 산조와 다르게 여럿이 어울려서 연주를 해요. 각자 정해진 장단 틀 안에서 연주를 하지요. 각각 다른 음악을 연주하지만, 서로 조화를 이루고 있어요. 그래서 시나위를 일컬어서 '부조화 속의 조화', '무질서 속의 질서'라는 말로 표현하기도 해요.
종교 음악은 굿을 할 때 사용한 음악인데, 시나위의 기원이라고 해요.
산조를 기악곡의 꽃이라 한다면 성악곡의 꽃은 판소리라고 할 수 있어요. 판소리는 고수의 북 장단에 맞춰서 긴 서사시를 노래하는 음악이에요. 판소리도 역시 혼자서 부르는 노래지요. 노래를 하면서 손동작과 재미난 이야기가 섞여 들어가요. 판소리를 하기 전에는 우선 목을 풀어야 하는데, 그때 지역의 민요나 단가를 불렀어요.
민속악에서는 정악에서 찾아볼 수 없는 서민적인 정서가 배어 있어요.

우리의 전통 악기

여러분은 우리나라의 전통 악기가 얼마나 있는지 아세요? 무려 87종의 악기가 있답니다. 이 87종의 악기를 만드는 데 어떤 재료가 필요한지 알아볼까요?

우리 악기는 만든 재료에 따라 나눌 수 있어요. 조상들은 재료의 특성을 고려해서 악기를 만들었지요. 돌, 실, 대나무, 바가지, 금속, 흙, 가죽, 나무 등으로 나눠서 살펴봐요.

돌을 이용해 만든 악기 : 편경, 특경 등
실을 이용해 만든 악기 : 해금, 가야금, 거문고, 아쟁, 향비파 등
대나무를 이용해 만든 악기 : 대금, 단소, 소금, 퉁소, 피리 등
바가지를 이용해 만든 악기 : 우, 화, 생황 등
금속을 이용해 만든 악기 : 특종, 편종, 방, 꽹과리, 나발, 징 등
흙을 이용해 만든 악기 : 부, 훈 등
가죽을 이용해 만든 악기 : 소고, 용고, 갈고, 좌고, 장고 등
나무를 이용해 만든 악기 : 어, 축, 박 등

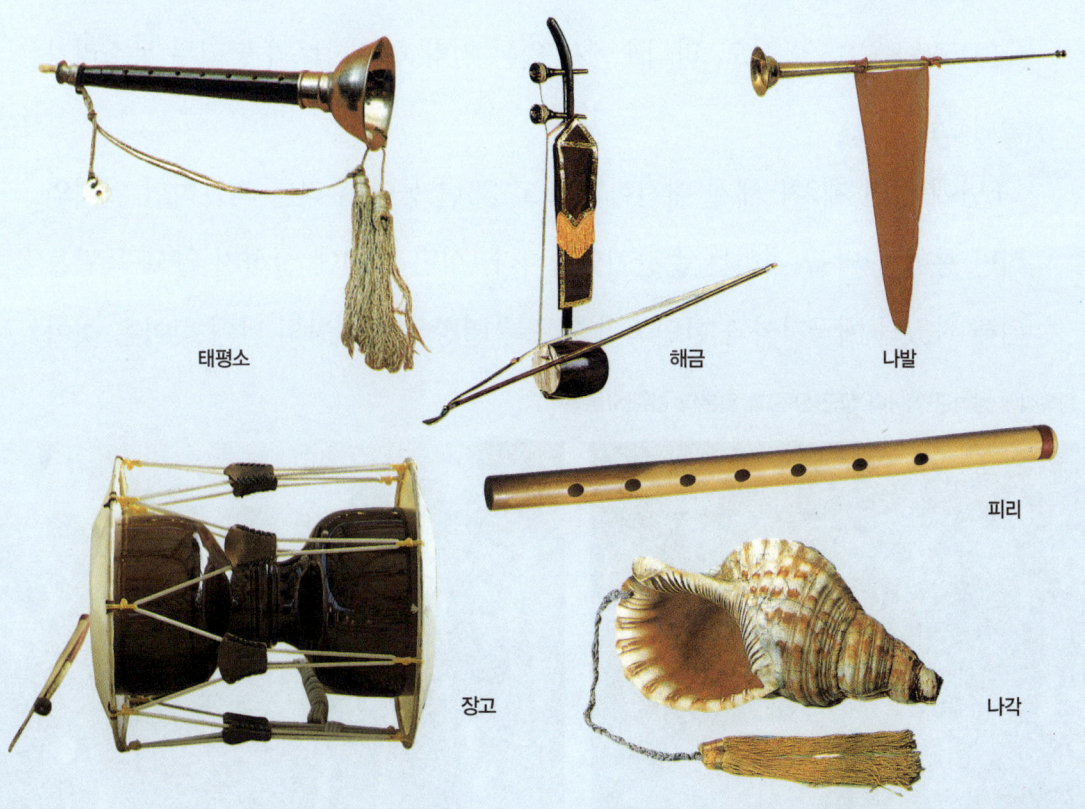

태평소 해금 나발

장고 피리 나각

광복, 그러나 38도선으로 갈라진 한민족

1945년 8월 15일, 일본이 항복하였고 드디어 식민 통치 시대가 막을 내렸습니다.
그러나 일본만 물러가면 평화가 찾아올 줄 알았던 사람들은 강대국들의
이념 싸움과 이익 다툼 사이에서 골머리를 앓기 시작했습니다.

군인 정치의 실시와 분단된 한반도

"일본은 연합군에 무조건 항복합니다."

1945년 8월 15일 정오, 라디오에서 일본 천황 히로히토의 떨리는 목소리가 들려왔습니다.

6년에 걸친 제2차 세계 대전이 끝나고 35년 동안 우리를 괴롭히던 일제의 식민 통치가 막을 내리는 순간이었습니다. 식민 통치에 굴하지 않고 독립을 위해 싸웠던 애국지사와 한민족이 그토록 열망하던 해방의 날이 찾아온 것이

◐ 항복식에 참석한 맥아더 장군(왼쪽)과 일본의 천황(오른쪽)

었습니다. 그러나 그것이 끝이 아니었습니다.

자본주의 세력의 중심이었던 미국과 사회주의 세력의 중심이었던 소련은 저마다 한반도를 자기 세력으로 끌어들이려고 혈안이 되어 있었습니다. 이를 위해 미국과 소련은 공동 위원회를 조직하고 1945년 12월, 모스크바에서 영국이 참여하는 삼국 외상 회의를 열었습니다.

"조선은 독립 국가를 구성할 힘이 없소. 지금은 조선 사람들이 임시 정부를 구성하게 하고, 스스로 자치 능력을 키울 때까지 미국과 소련, 영국과 중국이 조선의 임시 정부와 협의하여 5년 동안 신탁 통치를 실시해야 합니다!"

모스크바 삼국 외상 회의에서 미국은 한반도의 신탁 통치를 주장했습니다. 한반도에서 영향력을 행사하고자 했던 소련도 신탁 통치를 반대할 생각이 없었습니다. 이처럼 강대국들이 일방적으로 신탁 통치를 결정하자, 한반도는 격렬한 소용돌이에 말려들었습니다.

"신탁 통치가 웬 말이냐! 또다시 다른 나라에게 지배를 받을 수는 없다!"

신탁 통치가 불러온 혼란은 조선 사람들을 분노로 몰아넣었습니다. 김구와 이승만을 비롯한 우익은 신탁 통치를 또 다른 형태의 식민 지배로 받아들였고 박헌영을 비롯한 좌익 역시 한 목소리로 신탁 통치 반대를 외쳤습니다.

"미국과 소련은 신탁 통치를 철회하라! 즉각 조선의 독립과 임시 정부를 인정하고 미군과

> **모스크바 삼국 외상 회의**
>
> 1945년 12월 모스크바에서 열린 미국·영국·소련 삼국의 외상 회의입니다. 제2차 세계 대전이 끝난 후 여러 문제들을 처리하기 위해 안건을 내놓았으며, 안건 중 한국에 대한 신탁 통치안도 포함되어 있었습니다.

소련군은 한반도에서 철수하라!"

좌익과 우익은 힘을 모아 신탁 통치 반대 운동을 펼쳐나갔습니다. 하나로 모아진 힘은 삽시간에 전국으로 퍼졌습니다. 그러나 반대 열기가 무르익을 무렵, 뜻밖의 일이 벌어졌습니다. 함께 반대를 외치던 좌익이 갑자기 신탁 통치 찬성으로 돌아선 것이었습니다.

"모스크바 삼상 회의는 임시 정부 수립에 중점을 두고 있소. 무조건 반대하는 것보다 서둘러 임시 정부를 수립하는 것이 나라에 이로울 것이오!"

○ 해방 직후의 김구와 이승만

조선의 앞날을 위해 임시 정부 수립을 먼저 이루는 것이 중요하다고 생각했던 좌익은 모스크바 삼국 외상 회의의 결정을 적극적으로 지지하기 시작했습니다. 하지만 우익은 좌익의 생각을 받아들일 수가 없었습니다.

"신탁 통치를 받아들인다면 나라의 진정한 독립을 이룰 수 없소. 일본에게 나라를 내주는 것과 무엇이 다르다는 말이오. 좌익은 나라를 팔아먹는 매국노와 마찬가지요!"

우익과 좌익은 서로의 주장을 조금도 굽히지 않았습니다. 그러던 1946년 3월, 미국과 소련은 미·소 공동 위원회를 열어 임시 정부 수립을 논의했습니다. 그러나 회담은 시작부터 어긋나고 있었습니다.

"반탁 운동에 앞장섰던 사람들과 단체를 임시 정부 수립에 참여시킬 수 없소. 모스크바 삼국 외상 회의에 찬성하는 쪽만 참여시켜야 하오!"

소련은 그들의 이익에 방해가 될 만한 우익 단체들을 미리 제외시킬 속셈이었습니다.

"아니오. 임시 정부 수립에는 신탁 통치를 찬성하거나 반대하는 정당과 단체를 모두 참여시켜야 하오!"

미국도 소련의 뜻에 따라 줄 마음이 없었습니다. 겉으로는 좌우익을 가리지 않는다고 말했지만 임시 정부 구성에 참여시킨 좌익 단체는 터무니없이 적은 숫자였습니다. 결국, 제1차 미·소 공동 위원회는 아무런 성과 없이 마무리되었습니다. 1년 뒤에 다시 제2차 공동 위원회를 열었지만 소득이 없기는 마찬가지였습니다.

미국과 소련이 서로의 이익을 두고 신경전을 벌이는 동안,

미·소 공동 위원회
1946년 서울에서 미국과 소련의 대표가 조직한 위원회입니다. 모스크바 협정에 따라 한국의 신탁 통치와 완전 독립 문제를 토의하고자 모였지만, 여러 차례 회의 결과 1947년 미국이 한국 문제를 유엔에 넘기면서 해체되었습니다.

좌익
우리나라에서는 특히 공산주의자를 지칭하는 말로 쓰입니다. 1792년 프랑스에서 나온 용어로, 국민의회 의장석에서 볼 때 왼쪽에 급진파인 자코뱅당이 중앙에는 중간파, 오른쪽에 온건파인 지롱드당이 자리 잡고 있는 데서 유래되었습니다. 그 뒤로는 제1차 세계 대전 중에 형성된 사회민주당 내의 급진파를 일컬을 때에도 사용되었습니다.

✓ 38도선

38선은 해방 직후, 남북의 경계선이 되었습니다. 하지만 이 경계선은 우리 민족의 이익과는 무관한 것이었습니다. 순전히 강대국의 편의에 따라 설정된 것이었지요.

해방을 5일 앞둔 1945년 8월 10일, 일본이 항복의 뜻을 밝혀 오자 미국 국방성은 긴급히 회의를 열어 북위 38도선을 기준으로 남쪽은 미군이, 북쪽은 소련군이 진주하여 일본군의 항복을 받아내고 무장을 해제시키기로 하고, 소련도 이에 동의하여 38선을 군사분계선으로 책정하기로 했답니다.

하지만 미국과 소련이 단순히 군사적 업무의 분담을 위해 편의상 설정한 38선이 민족의 분단을 초래할 줄은 아무도 몰랐습니다. 곧 남과 북은 38선을 사이에 두고 서로 오갈 수 없는 처지가 되어버렸고, 부모와 자식이 생이별을 하는 일이 벌어졌습니다. 아울러 남과 북이 민주와 공산이라는 이데올로기에 의해 첨예하게 대립하게 되었어요. 이는 얼마 후 북한의 침공으로 시작된 한국전쟁이라는 비극을 잉태하고 말았답니다.

↑ 이승만과 김구, 그리고 미국의 하지 중장

↑ 38도선 팻말

한반도는 혼란으로 치닫고 있었습니다. 미국 군정이 실시되던 때, 38도선의 남쪽은 찬탁과 반탁의 대립으로 한치 앞을 알 수 없는 상황이었습니다.

미국은 혼란을 막기 위해 좌익 세력의 활동을 강력히 탄압했습니다. 그러나 미국의 탄압은 오히려 격렬한 반발을 불러왔고 좌우익의 대립은 더욱 깊어질 뿐이었습니다. 더구나 민족을 배신했던 친일파들까지 공산주의 반대와 신탁통치 반대를 외치며 나라를 위하는 척 나서기 시작했습니다. 친일파들조차 구분해 낼 수 없을 만큼 혼란은 극에 달해 있었던 것입니다.

한편, 38도선의 북쪽에서는 소련의 지원을 받은 김일성이 권력을 차지하며 사회주의 체제를 만들고 있었습니다. 김일성은 신탁 통치 반대 운동을 펼쳤던 단체와 사람들을 제거했고, 북조선임시인민위원회를 구성해 '무상 몰수 무상 분배' 원칙의 토지 개혁을 단행했습니다. 국가에서 땅을 모두 가져간 뒤 다시 나누어 주는 것이지요.

이처럼 좌우익의 격렬한 대립 속에서 남과 북은 서로 다른 길로 접어들고 있었습니다. 뿐만 아니라, 미국과 소련의 갈등도 점점 깊어졌습니다.

 **북조선인민위원회**

공산주의를 내세운 북한의 첫 정권입니다.
1945년 11월, 북한 전 지역 대표 1,157명이 참석해 대의원 237명을 선출, 북조선인민회의를 구성한 뒤 1947년 2월 제1차 회의를 열고 인민위원장에 김일성, 부위원장에 김책과 홍기주를 임명하고 이들을 중심으로 22명의 북조선인민위원회를 출범시켰습니다.

남한만의 단독 정부 수립

두 번에 걸친 미·소 공동 위원회에서 성과를 얻지 못한 미국은 한반도 문제를 유엔으로 넘겼습니다. 그 당시 유엔에서 막강한 영향력을 행사하던 미국은 그 힘을 이용해 한반도에서 소련보다 좀 더 우월한 위치를 차지할 생각이었습니다. 소련이 펄쩍 뛰었지만 미국을 막을 수는 없었습니다.

"남북한 주민들이 자유롭게 총선거

○ 취임 당시의 이승만 대통령

> 유엔(UN)
>
> 1945년 10월 24일에 창설된 국제기구입니다. 전쟁 방지와 평화 유지를 목표로 모든 분야에서 국제 협력을 증진하는 역할을 하고 있습니다. 2006년 우리나라 반기문 외교 통상부 장관이 제8대 유엔 사무총장에 올라 활동하고 있습니다.

를 실시하여 통일 정부를 수립한다!"

미국은 1947년, 유엔 총회에서 이와 같은 결정을 내리고 이듬해 1월에 유엔 감시 위원단을 구성해 서울로 들어왔습니다. 그러나 소련이 미국의 결정을 받아들일 리가 없었습니다.

"소련은 미국이 주도해서 결정한 일을 따를 수 없다. 미소 양국의 군대가 모두 철수한 뒤, 한반도에 자주적인 임시 정부를 수립하는 것이 옳다. 이를 지키지 않는다면 감시 위원단이 북한에서 활동하는 것을 인정하지 않을 것이다!"

한반도에서 주도권을 놓칠 수 없었던 소련은 감시 위원단의 입북을 거부했습니다. 소련의 반대에 부딪힌 미국은 대책을 마련하기 위해 서둘러 유엔 소총회를 열어야 했습니다.

"임시 정부 수립을 미룰 수 없소. 통일 정부를 구성할 수 없다면 남한만이라도 우선, 선거를 실시해야 합니다!"

1948년 2월 26일에 열린 유엔 소총회에서 미국은 남한만의 단독 선거를 실시하기로 결정했습니다. 남한의 단독 선거 소식이 알려지자 한반도는 다시 들끓기 시작했습니다. 여러 단체와 정당을 비롯한 지식

인들의 생각이 저마다 달랐던 것입니다.

　김구와 김규식은 단독 선거를 반대하며 유엔의 결정에 격렬하게 항의했습니다. 남한만의 단독 선거로 한반도는 영원히 분단될 것이라고 생각했기 때문이었습니다.

　누구보다 김구의 의지는 단호했습니다.

　"나는 통일된 조국을 건설하려다 38도선을 베고 쓰러질지언정 당장 편하자고 단독 정부를 세우는 일에는 결코 협력하지 않을 것이오!"

　김구와 김규식은 대대적인 반대 운동을 펼쳤습니다. 수많은 지도층 인사들과 단체들도 이들과 뜻을 같이했습니다. 남한만이라도 서둘러 단독 정부를 수립해야 한다고 주장했던 것은 오로지, 이승만과 한국민주당뿐이었습니다.

　단독 선거일로 정해진 5월 10일이 서서히 다가오는 동안, 김구와 김규식은 남북한이 통일 정부를 수립하는 길을 찾기 위해 혼신을 다하고 있었습니다.

　"조국과 우리 민족이 갈라지는 비극은 막아야 합니다. 그러기 위해서는 남북한 지도자가 한 자리에 모여 머리를 맞대고 논의해야 합니다!"

　조국 분단의 비극을 막기 위해 김구와 김규식은 북한의 김일성과 김두봉에게 편지를 띄웠습니다.

○ 유엔 한국임시위원회 대표로 파견된 인도의 메논 박사

✓ 메논

인도의 정치가이자 민족주의자입니다. 인도 연맹 서기장으로 인도의 독립을 위해 힘썼으며 인도의 국제 외교를 위해 노력했습니다. 최초의 인도인 고등판무관, 유엔 주재 차석 대표 등을 지냈습니다.

🔺 임시 정부 수립 당시의 모습

그러자 곧 북한에서 답장이 날아왔습니다. 남한의 단독 선거를 반대하는 모든 단체 대표와 회의를 하겠다는 내용이었습니다.

김구와 김규식은 주저 없이 38도선을 넘어 평양으로 향했습니다.

"조국이 없으면 민족도 없고, 민족이 없으면 그 어떤 당과 이념이 존재할 수 있겠습니까? 우리 민족 최대의 과업은 바로, 독립을 쟁취하고 통일 정부를 이루어 내는 것입니다. 단독 선거와 단독 정부는 반드시 막아야 할 것입니다!"

단상에 올라간 김구는 굳은 의지를 담아 자신의 뜻을 전했습니다. 그러나 슬프게도 김구를 비롯한 여러 사람들의 노력은 물거품으로 끝났습니다. 오히려 이승만과 한국민주당은 평양 회의에 참가한 사람들을 공산주의자로 몰아붙였습니다.

"단독 정부를 서둘러 수립해야 하오. 김구는 어리석게도 북한에 이용당하고 있소이다. 38도선 이북의 소련과 공산주의자들과는 협상할 것이 없소!"

이승만의 비난을 받으면서도 김구는 분단의 비극을 막고자 애를 썼습니다. 그러나 이미 분단의 길로 접어든 시계 바늘을 돌려놓을 수는 없었습니다.

1948년 5월 10일, 마침내 남한에서는 민족 역사상 처음으로 국민의 대표인 국회의원을 뽑는 선거가 실시되었습니다. 투표장은 어수선하고 냉랭했지만 총선거는 예정대로 진행되었습니다. 뒤이어 7월 17일에는 헌법이 제정되었으며 간접 선거를 통해 이승만이 대통령에 선출되었습니다.

1948년 8월 15일, 초대 대통령에 오른 이승만은 대한민국의 건국을 널리 선포했습니다. 오랜 염원이었던 새나라 건국을 알리는 순간이었지만 우리나라가 남과 북으로 갈라진 채 각자의 길을 걷기 시작하는 날이기도 했습니다.

남한에 단독 정부가 들어선 이후, 북한도 체계를 잡기 시작했습니다. 9월 9일, 북한은 김일성이 수상에 오르며 조선 민주주의 인민 공화국을 선포했습니다.

이처럼 남한과 북한이 서로 다른 두개의 정부를 수립하던 시기에 김구는 안두희가 쏜 총탄에 맞아 숨을 거두었습니다. 6월 26일, 김구의 암살로 통일의 희망마저 송두리째 빼앗긴 한반도는 서로의 체제를 인정하지 않으며 무력 충돌의 비극을 향해 치닫고 있었습니다.

안두희

1949년 6월, 김구를 암살하여 종신형을 선고 받았으나 형량이 감해지고 남은 형기를 면제 받았습니다. 정치적 의혹에 대해 김구 선생 살해 진상 규명 위원회가 만들어지자 잠적하였습니다. 남은 생을 숨어서 지내다가 김구 선생 암살 진상 위원회에 불려나와 증인으로 조사를 받았으나 끝내 배후를 밝히지 않았습니다. 그리고 박기서에게 피살되었습니다.

○ 백범일지

<백범일지>

백범은 김구의 호이며, <백범일지>는 김구의 자서전입니다. '상' 편과 '하' 편으로 나누어져 있으며, 특히 '상' 편은 두 아들에게 보내는 편지글의 형식으로 쓰여져 있습니다. 이 편지글은 20여 년에 걸쳐 김구가 쓴 것으로 알려져 있습니다.

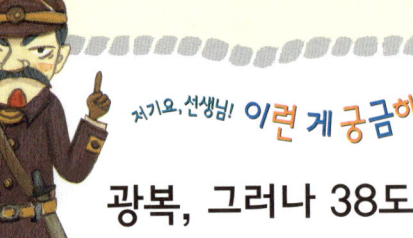

광복, 그러나 38도선으로 갈라진 한민족

제주도 4·3 항쟁

1948년 4월 3일 새벽, 한라산의 크고 작은 봉우리에서 동시에 봉화가 타올랐습니다. 이를 신호로 1,500명에 달하는 제주도 민중 자위대가 제주도 내의 십여 개 지서를 공격하기 시작했습니다. 이는 남한만의 5·10 단독 선거를 저지하여 민족이 분단되는 것을 막으려 했던 민중들의 움직임이었습니다.

"미군은 즉각 철수하라! 한민족을 둘로 가르는 단독 선거 반대한다!"

남한에서는 5·10 단독 선거를 반대하는 운동이 전국적으로 펼쳐지고 있었습니다. 제주도에서 벌어진 4·3 항쟁이 바로 그 출발점이었습니다.

4·3 항쟁이 터지자, 미 군정은 대대적인 진압을 서둘렀습니다. 서울에서 내려온 미군 방첩대 장교는 초토화 작전을 실시할 것을 주장했습니다. 그러나 당시 국방경비대 제9연대장이었던 김익렬은 민중 봉기를 이끌던 유격대 총사령관 김달삼과 회담을 열어 평화 교섭을 시도했습니다.

하지만 평화 교섭이 진행되던 중, 30여 명의 괴한이 오라리 마을을 습격하는 사건이 벌어졌습니다. 미군과 경찰은 이 사건을 무장대의 소행이라 주장했지만 이는 미군과 경찰이 우익 청년 단체를 끌어들여 벌인 조작이었습니다. 이 사건을 빌미로 평화 교섭을 깬 미군은 초토화 작전을 감행했습니다. 5·10일 선거가 끝나자마자 토벌 작전이 시작되었고, 이 과정에서 토벌대는 무고한 주민들까지 폭도의 가족으로 몰아 마구 붙잡아 들이는 일도 벌어졌습니다.

8월 15일, 단독 정부를 수립한 이승만 정권과 미군은 10월 18일, 제주도에 비상 계엄령을 선포하고 여수에 주둔해 있던 14연대 군인들에게 제주도 출동 명령을 내렸습니다. 그러나 같은 민족을 죽여야 하는 비극을 견딜 수 없었던 군인들은 무기고를 점령하며 반란을 일으켰습니다. 토벌군이 반란군으로 돌변하는 순간이었습니다. 군인들의 움직임은 민중들의 참여를 이

끌어 내며 곧 여수와 순천으로 퍼져 나갔습니다. 그러나 여수 순천 반란 사건은 곧 진압되었습니다.

반란 사건을 잠재운 토벌대는 제주도로 들어가 대대적인 토벌 작전을 감행했습니다. 제주도의 중산간 마을을 모조리 불사르며 주민들을 해안가로 모아 집단촌을 만들어 고립시켰습니다. 이 와중에 초토화 작전으로 수백 개의 마을이 사라졌으며 무고한 사람들이 죽임을 당했습니다.

4·3 항쟁은 남한만의 단독 정부 수립에 반대하며 일어난 최초의 무장 봉기였습니다.

반민족 행위 처벌법

1948년 9월 22일 제정 공포된 반민족 행위 처벌법은 친일 민족 반역자를 처벌하기 위해 만들어진 법이었습니다. 10명의 국회의원으로 구성된 반민족 행위 특별 조치 위원회(이하 반민특위)는 300여 명의 반민족 행위자를 체포하여 재판에 넘겼습니다.

이 과정 속에서 친일 경찰로 악명이 높았던 노덕술과 김태식을 비롯해 최남선, 이광수 등의 친일 문학가 등이 구속되었습니다. 그러나 체포되어 판결이 확정된 것은 38건에 불과했습니다.

이승만 정권과 친일파들은 반민특위의 활동을 끈질기게 방해했으며 친일 경력을 가진 경찰들은 무력을 동원해 반민특위를 공격하는 일도 서슴지 않았습니다. 미국 군정 속에서 다시 되살아난 친일파들은 경제, 사회, 문화 등에 걸쳐 곳곳에서 권력을 차지하고 있었고 이들이 없으면 이승만 정권은 권력을 유지하기조차 힘든 처지였습니다.

결국, 이들의 조직적인 방해로 인해 반민특위는 1949년 8월, 반민특위 해체 안이 국회를 통과하며 막을 내렸습니다.

○ 최남선의 〈시문독본〉

한민족의 비극, 6·25 전쟁

1950년 6월 25일 고요한 새벽, 북한군은 무서운 기세로 남한의 수도 서울을 침범합니다.
그렇게 전쟁이 터지자, 미국과 중국은 총을 맞대며 전쟁에 개입하고,
결국 피를 나눈 형제들의 싸움이 한반도에서 시작됩니다.

1950년 6월 25일 새벽 4시, 북한군이 38도선을 넘어오기 시작했습니다. 총공격을 결심한 북한군의 진격은 거침이 없었습니다.

북한을 충분히 막아 낼 수 있다고 장담해 오던 남한은 속수무책이었습니다. 북한군이 무서운 기세로 수도 서울을 향해 밀려오고 있었지만 남한은 사태의 심각성조차 깨닫지 못했습니다. 입으로만 북진 통일을 외쳤을 뿐, 남한은 공격을 막아 낼 대책이 아무 것도 없었던 것입니다.

27일, 북한군이 미아리 고개를 넘자 이승만 정부는 도망치듯 서울을 버리고 피신할 수밖에 없었습니다. 그러나 정부는 서울이 위태롭다는 사실조차 시민들에게 정확히 알리지 않

◐ 38도선을 넘어 남침을 시작하는 북한군 모형(거제도 포로수용소)

앗습니다.

 뒤늦게 북한군이 빠른 속도로 내려오고 있다는 소식을 접한 서울은 혼란에 휩싸였습니다. 북한군의 공격을 피해 수많은 피난민이 밀려들었고 서울 시민들도 남쪽으로 내려가기 위해 한강 철교로 몰려들었습니다.

 "한강 철교를 폭파해서 북한군의 남하 속도를 늦춰야 한다!"

 북한군의 진격에 놀란 국방부 장관은 한강 철교 폭파 명령을 내렸습니다. 한강 철교는 서울 시민들의 마지막 피난길이었을 뿐 아니라, 폭파 명령이 내려질 당시 수많은 피난민이 철교를 건너고 있었습니다. 피난을 떠나지 못한 서울 시민들도 백만 명에 이르렀습니다. 이런 상황에서 한강 철교 폭파는 국군과 국민들의 사기를 크게 떨어뜨리는 명령이었습니다. 이처럼 남한은 북한의 진격을 막을 엄두조

◐ 폭파된 한강 철교를 건너는 피난민들

차 내지 못하고 있었습니다.

　질풍처럼 내려온 북한군은 전쟁을 일으킨 지 사흘 만에 대한민국의 수도 서울을 점령했습니다. 다급해진 이승만 정부가 할 수 있는 방법은 미국에 군대를 요청하는 것이었습니다.

　북한의 침략을 용납할 수 없던 미국의 움직임은 신속했습니다. 북한의 공격은, 곧 소련이 한반도를 집어 삼키려 한다는 의미와 다를 것이 없었습니다.

　"북한은 침략자다! 대한민국에 유엔군을 파견해야 한다!"

　미국은 긴급히 유엔 안전보장이사회를 소집해 한반도 전쟁에 개입할 것을 결정했습니다. 곧이어 7월 7일, 유엔군

사령부가 설치되고 미국의 맥아더가 총사령관에 임명되었습니다.

7월 12일, 맥아더는 이승만 대통령에게 대한민국 국군의 지휘권을 넘겨받고 한국전에 참전했습니다. 북한의 침략으로 시작된 남과 북의 내전이 미국을 중심으로 한 유엔군과 북한의 국제전으로 확대되기 시작한 것이었습니다.

미국의 참전으로 전쟁은 소용돌이 속으로 빨려들고 있었습니다. 세계 최강의 군사력을 자랑하던 미국도 당장은 불리한 전세를 극복할 수가 없었습니다. 오산의 죽미령에서 북한군과 맞붙은 미국의 부대는 참패를 당했고, 대전을 지키던 병력 또한 포위 작전에 걸려 치욕스런 패배를 맛보아야 했습니다.

7월 말에 이르자 북한군은 이미 경상도를 제외한 한반도 전 지역을 장악하고 있었습니다. 만약 낙동강 방어선마저 돌파당하면 돌이킬 수 없는 상황이 벌어질 것이었습니다. 미국은 남한과 힘을 모아 낙동강 방어선을 굳게 지키며 병력을 더욱 늘려 나갔습니다.

쓰라린 패배를 당했지만 미국은 그대로 물러서지 않았습니다. 전쟁을 끝내기 위해 대대적인 공격을 감행한 북한군의 5차 공세를 막아 내면서 한국전의

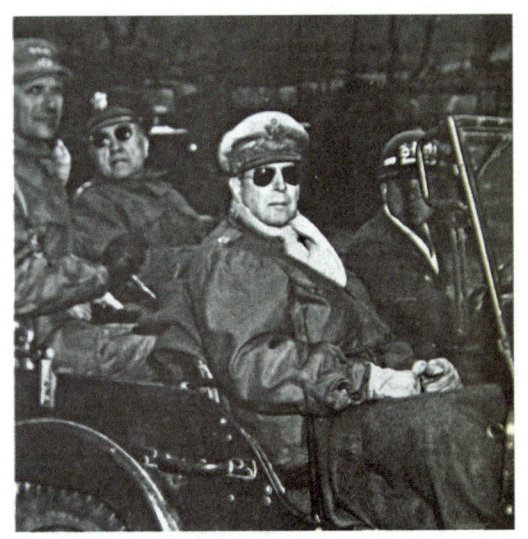

○ 1950년 당시의 맥아더

✓ **맥아더 장군**

미국 군인으로 제2차 세계 대전 때 일본을 항복시키고 일본 주재 연합군 최고 사령관을 지냈습니다. 1950년 6·25 전쟁 때 유엔군 최고 사령관으로 부임하여 인천상륙작전을 지휘하였습니다.

상황은 점점 역전되기 시작했습니다. 해군과 공군력에서 북한군보다 압도적인 전력을 자랑하던 미국의 힘이 드디어 위력을 보이기 시작했습니다.

맥아더는 치열한 공방전을 단숨에 승리로 이끌 작전을 구상하고 있었습니다. 인천 상륙 작전은 북한군의 허리를 기습해 승기를 잡을 수 있는 어마어마한 계획이었습니다.

9월 15일 새벽, 2백여 척의 유엔군 함대가 함포를 쏘아 대며 인천 앞바다로 들어섰습니다. 무사히 인천에 상륙한 미군은 기세를 몰아 한강을 건너며 북한군을 밀어붙였습니다. 북한군의 저항이 있었지만 미군을 막기에는 역부족이었습니다. 인천 상륙 작전에 크게 당황한 북한군은 급기야 서울에서 후퇴하기 시작했습니다.

"지금이 통일을 달성할 절호의 기회입니다. 북한군을 끝까지 밀어붙여야 합니다!"

9월 28일, 서울을 되찾은 이승만 정부는 북진 통일을 부르짖었습니다. 미국과 유엔군의 힘을 빌려 북진 통일을 이룰 생각이었습니다.

10월 1일, 국군이 38도선을 넘자 미군과 유엔군도 북진을 서둘렀습니다. 전쟁은 이미 유엔군의 승리로 기울고 있었습니다. 북한군이 거침없이 남하했던 것처럼 유엔군은 거침없이 북진했습니다.

북진을 시작한지 15일 만에 유엔군과 국군은 평양을 점령했고, 마침내 10월 26일 압록강에 다다랐습니다. 누구도 통일의 염원이 이루어졌다는 걸 의심치 않았습니다. 그러나 그것으로 전쟁이 끝난 게 아니었습니다.

궁지에 몰린 북한은 전쟁을 포기하지 않고 중국에 도움을 요청했습니다. 북한의 요청을 받은 중국이 수십 만의 공산군을 앞세워 압록강을 넘어오면서 한국전쟁은 또 다른 방향으로 흘러가기 시작했습니다. 남과 북의 전쟁은 미국과 중국의 전쟁으로 확산되며 한치 앞을 내다볼 수 없는 상황이었습니다.

셀 수 없이 많은 병사들을

◐ 서울을 수복한 국군이 중앙청에 태극기를 올리는 모습

◐ 국군이 평양에 들어가는 모습

이끌고 남하하는 중국군의 기세는 무시무시했습니다. 꽹과리 소리와 피리 소리가 골짜기에 메아리쳤습니다. 사방에서 개미 떼처럼 나타난 중국군은 거대한 파도를 이루며 밀어닥쳤습니다. 구식 무기로 무장하고 있었지만 미군과 유엔군은 개미떼처럼 몰려오는 중국군을 상대할 수가 없었습니다.

통일을 눈앞에 두고 있던 유엔군과 국군은 또다시 후퇴해야 했습니다. 12월 10일, 평양이 중국군과 북한군의 손아귀로 들어갔고, 1951년 1월에는 또다시 서울을 내주어야 했습니다.

위기를 느낀 미국은 원자 폭탄의 사용을 심각하게 고려하고 있었습니다. 그러나 세계의 비난 여론이 들끓자 원자 폭탄을 사용할 수 없었습니다. 만일 원자 폭탄이 사용된다면 세계 대전의 비극을 다시 불러올 수도 있는 일이었습니다. 세계 각국은 한국

○ 중국군의 개입

전이 중국 대륙으로 확산되는 것을 원치 않았습니다.

원자 폭탄을 포기한 미국은 우세한 화력을 앞세워 중국군에게 반격을 시도했습니다. 어마어마한 규모의 중국군도 엄청난 화력을 감당할 수가 없었습니다. 이런 공격을 퍼부은 미군과 국군은 3월 5일, 마침내 서울을 재탈환하는 데 성공했습니다.

서울을 수복했지만 전쟁은 중국과 미국에게 심각한 피해를 안겨 주고 있었습니다. 38도선을 사이에 두고 공방전이 계속 벌어지는 동안, 누구도 승리를 장담하지 못했습니다. 미군과 국군을 비롯해 북한군과 중국군은 서로 무수한 사상자를 냈을 뿐, 전쟁은 끝이 나지 않았습니다.

미국과 중국은 피해만 늘어나는 전쟁을 계속 할 마음이 없었습니다. 마침내 서로 승리를 포기한 미국과 중국은 1951년 7월 10일, 휴전 회담을 시작했습니다.

"전쟁은 아직 끝나지 않았습니다. 북한과 결코 휴전할 수 없습니다. 북진을 계속해 한민족을 통일해야 합니다!"

이승만 정부는 북진 통일을 고집하며 끝까지 휴전 협정을 거부했

◐ 미군의 박격 포탄

습니다. 그러나 미국은 더 이상의 전쟁을 원치 않았습니다.

"더 이상 소모적인 전쟁을 할 수는 없소. 전쟁으로 이미 모든 것이 황폐해졌소. 이제는 어려운 남한의 경제를 복구하는 데 힘을 쓰겠소."

미국을 설득하지 못한 이승만 정부는 경제 원조를 약속한다는 미국의 제의를 수락하며 휴전 협정을 받아들여야 했습니다.

1953년 7월 27일, 3년 동안 계속되었던 한국전은 유

◐ 전쟁 당시 연락 정찰용으로 사용되었던 항공기

엔군과 중국군과 북한군 사이에 휴전 협정이 맺어지며 막을 내렸습니다. 피를 흘리며 치열하게 싸웠던 38도선은 끝내 휴전선으로 남을 수밖에 없었습니다.

한국 전쟁은 분단의 아픔을 남긴 채 한반도를 쑥대밭으로 만들었습니다. 경제와 사회 기초 기반 시설이 모조리 파괴됐을 뿐만 아니라, 같은 민족끼리 서로 총부리를 겨누었다는 깊은 절망감과 분노를 심어 주었습니다.

전쟁터에서 무수한 사람들이 죽어 갔고, 해방 이후 좌우로 나뉘어 대립하던 국민들에게 남은 것은 증오와 저주였습니다. 전쟁이 벌어지는 동안 '빨갱이'와 '반동분자'라는 이름으로 남과 북의 수많은 사람들이 목숨을 잃어야 했습니다. 그리고 전쟁이 끝난 뒤에도 남과 북은 서로 다른 체제를 걸어가며 한반도는 완전히 둘로 갈라졌습니다. 지금도 6·25 전쟁은 우리 민족에게 돌이킬 수 없는 깊은 상처로 남아 있습니다.

○ 1953년 무렵 군사 분계선의 모습

✓ 군사 분계선

다른 말로 '휴전선'이라고도 하며, 1953년 '한국군사정전에 관한 협정'이 체결되면서 생긴 남북을 나누는 경계선입니다. 동해안 간성 북방에서 서해안 강화 북방까지 이어졌으며 길이는 약 250km입니다. 이 분계선을 중심으로 남과 북 양쪽 2km의 지역은 비무장 지대로 설정되어 있으며, 이곳에서는 서로 공격적인 행위는 자제하도록 되어 있습니다.

저기요, 선생님! 이런 게 궁금해요

한민족의 비극, 6·25 전쟁

책가방 대신 총을 들고 싸운 학도의용군

학도의용군은 말 그대로 학생의 신분으로 전쟁에 참여한 병사를 말해요. 보통 학도병, 또는 학병이라고도 부르는데, 좁은 의미로는 일제강점기 때에 강제로 일본군에 징집되어 2차대전에 참전한 조선의 병사들을 가리키기도 해요.

6·25가 발발하자 대부분의 학교는 휴교령이 내려졌어요. 하지만 나라의 위급을 알게 된 학생들 당상 수는 학교에 등교하여 종군하기로 결심했어요. 그렇게 삼삼오오 모이기 시작한 학생들은 마침내 처음으로 시흥의 한강선 전투에 참여했답니다. 이후에는 비상학도대가 만들어졌고, 학생들은 전·후방을 넘나들며 학생의 신분으로 나라를 위해서 싸웠어요. 그들에게는 계급도 없었고, 군번도 없었어요.

그러다가 전선이 이동함에 따라 학생들도 함께 후퇴하여 대구에서 대한학도의용대를 조직했어요. 이 즈음 부산에서 조직된 또 하나의 의용대가 가세하여 마침내 학도의용군의 모체가 되었어요. 이후 전투에 참가한 학도의용군의 숫자는 무려 2만 7천 명에 이르렀답니다. 이들은 곳곳에서 크게 활약하며 공산군을 물리치는데 도움을 주었어요. 이들 중 일부는 인천상륙작전에도 투입되었고, 서울 수복 이후에는 후방의 치안 유지를 맡기도 했답니다.

○ 학도의용군 참전 기념탑

한국을 도운 16개국

6·25가 일어나자 UN은 한국을 돕기로 했어요. 이때 전세계의 16개국이 한국전쟁에 참여하

○ 참전 16개국

기로 했답니다. 미국·영국·호주·캐나다·네덜란드·프랑스·뉴질랜드·필리핀·남아프리카공화국·터키·태국·그리스·벨기에·룩셈부르크·에티오피아·콜롬비아랍니다.

이 나라들 중 육·해·공군 병력을 모두 보낸 나라는 미국을 비롯하여 호주와 캐나다·태국 등이었지요. 영국과 네덜란드, 그리고 프랑스·뉴질랜드·콜롬비아는 육군과 해군을 보내왔고, 그리스는 육군과 공군을 참전시켰답니다. 그리고 남아프리카 공화국이 해군을, 나머지 나라들은 육군을 지원했어요. 이때 가장 많은 병력을 보낸 나라는 미국(38만 명)이었고, 가장 적은 지원군을 보낸 나라를 룩셈부르크(48명)였어요.

하지만 병력의 수와 관계없이 참전 16개국은 곳곳에서 전과를 올렸어요. 미국은 한반도 전역에 걸쳐 활약을 했고, 프랑스군은 지평리 전투에서 철모를 벗어던진 채 붉은 수건으로 머리를 두르고 백병전을 펼쳐 약 2천여 명의 중국군을 사살했어요. 또한 터키군도 미군 9군단에 배속되어 151고지 등에서 1900여 명의 중국군을 몰살시켰지요. 그런가 하면 네덜란드군은 1951년 12월 횡성에서 벌어진 전투에서 적군을 막아내고 모두 전사했답니다. 이 외에도 필리핀은 벽제 전투에서, 영국은 감악산 설마치 계곡 전투에서, 호주와 캐나다는 가평 전투에서, 노르웨이·벨기에·룩셈부르크는 동두천의 상봉암 전투에서, 태국은 포천 신북면 전투에서 크게 활약했지요. 특히 에티오피아군은 춘천방어 전투에서 북한군의 작전을 지연시키는 등의 전과를 올렸답니다.

하지만 이 나라들 외에도 덴마크(병원선 1척), 인도(야전이동병원부대), 이탈리아(적십자 병원부대), 노르웨이(이동외과병원부대), 스웨덴(야전병원부대) 등 5개 나라에서는 의료지원단을 보내왔답니다. 또한 아르헨티나와 브라질·칠레를 비롯한 19개 나라에서는 물자를 지원해 우리를 도왔어요. 세계의 평화와 자유 수호에 대한 열망이 전세계로 퍼져나갔던 거예요.

노근리 양민 학살 사건

노근리 양민 학살은 6·25 전쟁이 끝난 지 40여년 만에 공개된 비극적인 사건이었습니다.
6·25 전쟁이 발발했던 1950년 7월, 충청북도 영동군 노근리의 철교 밑에서 3백여 명의 마을 사람들이 학살당하는 사건이 벌어졌습니다. 이 비극이 미군에 의해 저질러졌다는 사실을 처음 보도 한 것은 미국의 AP통신이었습니다.

○ 학살 사건이 일어났던 노근리 굴다리

1999년 9월, AP통신은 '노근리 부근에서 발견되는 민간인과 피난민을 적으로 간주하라.'는 명령에 따라 미군이 무차별 사격했다는 사실을 보도했습니다. 그러나 이런 보도가 있기 전, 노근리의 비극을 세상에 처음 알린 것은 억울하게 죽임을 당한 노근리 마을 사람들의 유족들이었습니다. 1960년, 유족들은 노근리 사건의 진실을 규명해 줄 것을 요청했지만 미군은 이를 무시했고, 진실은 그대로 파묻히는 듯 보였습니다. 노근리의 진실을 알리기 위한 노력들이 전개되었지만 사람들에게 큰 관심을 일으키지 못했습니다. 그러나 미국의 AP통신이 노근리 사건을 보도했고 보도와 더불어 유가족들의 미국 방문이 이루어졌습니다. 이로써 철저한 조사가 진행되면서 많은 사실들이 드러났습니다.

거제도 포로 수용소

거제도 포로 수용소는 6·25 전쟁의 비극을 일깨우는 역사적인 장소입니다. 1950년 9월 15

일, 인천 상륙 작전의 성공으로 단숨에 전황을 역전시킨 미군과 유엔군은 수많은 포로로 인해 수용 시설을 늘려야 했습니다. 이를 해결하기 위해 미군은 그해 11월 27일, 거제도에 대규모의 포로 수용소를 설치했고, 인민군과 중국군을 비롯해 17만여 명의 포로를 수용했습니다.

그러던 1952년 2월 28일, 포로들이 미군 헌병에게 저항하는 사건이 일어났습니다. 미군의 탄압과 포로들의 저항이 되풀이되던 중 급기야 수용소 소장이던 도드 준장이 포로들에게 잡히는 불상사가 벌어진 것입니다.

도드 준장은 납치된 지 4일 만에 미군의 잔혹 행위를 인정하고서야 포로들로부터 석방될 수 있었습니다. 도드 준장이 풀려난 이후에도 거제도 수용소에서는 크고 작은 폭동이 계속 되었고 심지어 반공 포로와 공산 포로 사이에서는 피를 부르는 싸움이 벌어지기도 했습니다.

거제도 포로 수용소는 1953년 7월 27일, 휴전 협정이 맺어지고서야 폐쇄되었습니다.

지금 현재 거제도 포로 수용소는 당시의 유적과 건물 일부만이 남아 있습니다. 1983년에 건립된 유적관에는 당시의 참상을 알려 주는 사진과 장비들이 전시되고 있으며 오늘날까지 6·25 전쟁의 아픔을 전하고 있습니다.

◐ 거제도 포로 수용소의 모습(거제도 포로 수용소 유적관)

민주 시민이 이끌어 낸 승리, 4·19

이승만 대통령은 권력을 손에서 놓고 싶지 않았습니다.
임기가 끝날 때마다 헌법을 고치던 것도 모자라 선거를 조작하기에 이르렀지요.
이에 시민들은 자유 민주주의를 외치며 들고 일어납니다.

> **✓ 한미상호방위조약**
>
> 1953년 휴전 협정 이후 한국과 미국, 양국 간의 평화 안전과 유지를 위해 체결된 상호 방위 조약입니다.
> 이 조약에 따라 한반도에 무력 충돌이 발생할 경우 미국은 국제 연합을 거치지 않고 즉각 개입할 수 있습니다.

1952년, 전쟁의 포화 속에서 2대 대통령에 당선된 이승만은 권력의 자리에서 물러날 생각이 없었습니다. 전쟁으로 대한민국의 생활 기반이 송두리째 무너졌지만 이승만과 자유당은 권력을 연장할 방법만을 찾고 있었습니다.

휴전 이후, 황폐해진 대한민국은 군사력과 경제력을 모두 미국에게 의지할 수밖에 없는 처지였습니다. 미국의 원조는 전쟁을 마친 대한민국의 복구를 돕는다는 차원이 아니었습니다. 적극적인 원조를 통해 미국은 정치, 경제, 군사적으로 대한민국을 미국의 지지자로 만들려는 의도를 갖고 있었습니다. 미국은 대한민국과 한미상호방위조약을 맺으며 혈맹임을 강조했습니다.

이러한 상황에서 2대 대통령의 임기가 끝나가자 이승만

정권은 또다시 헌법 개정안을 국회에 올렸습니다. 2대 대통령 선거 당시, 무력을 동원해 헌법을 한차례 바꾼 적이 있었던 이승만 정권에게는 아주 손쉬운 일이었습니다. 계엄령을 선포하고 반대 세력을 체포하며 헌법 개정안을 통과시켰던 것입니다.

"초대 대통령의 경우에 한하여 임기에 제한을 두지 말아야 한다!"

1954년, 이런 주장을 내세우며 이승만은 세 번째 대통령 당선을 위해 헌법을 고쳤습니다. 임기에 제한을 두지 않는다는 개헌안을 투표에 붙였지요.

헌법 개정안이 표결에 붙여진 결과는 이승만 정권을 놀라게 했습니다. 헌법 개정에 필요한 숫자는 국회의원 3분의 2에 해당하는 136표였습니다. 그런데 뚜껑을 열자, 203명 가운데 찬성 135표, 반대 60표, 기권 7표, 결석 1표로, 단 1표가 부족했던 것이었습니다.

헌법 개정안이 뜻밖의 결과로 부결되자, 이승만 정권은 크게 당황했습니다. 그러나 그들은 이대로 물러날 생각이 없었습니다. 이른바

> **자유당**
> 1951년 12월 전쟁 중 임시 수도인 부산에서 이승만을 총재로 하여 창당된 정당. 독재를 자행하였으며, 1960년 3·15 부정 선거로 4·19 혁명을 유발하여 붕괴되었습니다.

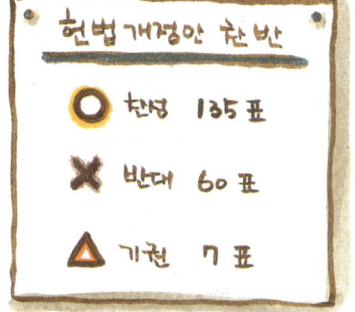

● 이승만 흉상

> ✓ **이승만**
>
> 독립 운동가로 독립 협회에서 활동하다 투옥되고 풀려나 미국으로 건너가 독립 운동을 하였습니다. 상하이 임시 정부 대통령을 지냈으며 광복 후 1948년에 초대 대통령이 되었습니다. 이후 장기 집권을 위해 부정 선거를 조작, 1960년 4·19 혁명으로 자리에서 물러나 하와이로 망명하였습니다.

사사오입(반올림)이라는 기상천외한 방법을 동원해 괴짜 논리를 펼치기 시작했습니다.

 이승만 정권은 3분의 2가 '135.33333…'이므로 사사오입하여 135명이면 통과된다는 논리를 내세웠습니다. 사사오입이란 반올림이란 뜻으로 4이하는 없애고, 5이상은 넣는다는 억지 주장으로 헌법 개정안을 통과시켰던 것입니다.

 하룻밤 사이에 통과되지 않았던 의견이 통과된 것으로 둔갑하는 순간이었습니다. 옳고 그른 것을 따지는 일은 중요하지 않았습니다. 오로지 권력을 움켜쥐는 것만이 목적이었습니다.

 사사오입 개헌으로 영원히 집권할 수 있는 길을 열어 놓은 이승만과 자유당은 1956년에 치러진 제3대 대통령 선거에서 승리를 거두었습니다. 그러나 권력의 힘을 이용해 온갖 부정과 부패를 저지르면서도 이승만 정권은 크게 긴장하지 않을 수 없었습니다. 진보당의 조봉암에게 많은 표를 빼앗겼기 때문이었습니다.

 "조봉암과 진보당은 간첩 활동을 벌여 왔다. 빨갱이와 간첩을 살려둘 수 없다!"

● 3·15 부정 선거 당시 사용되었던 투표함

선거가 끝난 뒤, 위기 의식에 사로잡힌 이승만 정권은 조봉암을 북한의 간첩으로 몰았습니다. 이 때문에 조봉암은 사형을 당했고 진보당도 완전히 무너졌습니다. 이승만 정권에게 진보당 세력은 권력을 방해하는 걸림돌이었습니다.

이승만의 독재 정권은 이미 돌이킬 수 없는 길로 들어서고 있었습니다. 부정과 부패로 정치가 혼란으로 치닫는 동안, 국민들의 삶은 더욱 어려웠고 독재 정권을 향한 불만과 분노는 높아져 가고 있었습니다.

그럼에도 불구하고 1960년, 제4대 대통령 선거가 다가오자 이승만 정권은 다시금 부정한 방법을 동원했습니다.

이미 여든을 넘긴 고령의 이승만을 또다시 대통령 후보로 내세운 자유당은 민주당의 조병옥과 맞서야 했습니다. 국민들은 정권 교체를 기대했지만 조병옥이 갑작스레 사망하는 바람에 이승만은 다시 대통령에 당선될 수 있었습니다. 하지만 문제는 부통령 후보로 내세운 이기붕이었습니다.

✔ **이기붕**

8·15 광복 이후, 이승만 비서로 활동하다가, 서울 시장과 국방부 장관 등을 지냈습니다. 1960년 부정 선거로 부통령에 당선되었으나, 부정 선거에 항의하는 4·19 혁명으로 사임하였습니다.

이기붕은 당선될 가능성이 거의 없었습니다.

자유당은 이기붕을 당선시키기 위해 사상 최악의 부정을 저질렀습니다. 공무원과 관리를 동원해 투표와 개표를 조작하는 것은 물론, 투표함을 바꿔치기 하고, 투표할 사람들을 3인조, 9인조로 구성하여 공개 투표를 강요했으며 선거가 시작되기도 전에 미리 불법 투표를 실시하기도 했습니다.

1960년 3월 15일 치러진 부정 선거는 이승만과 이기붕의 압도적인 승리로 끝이 나는 듯했습니다. 그러나 선거 조작에만 눈이 멀었던 이승만 정권은 일부 지역에서 유권자보다 자유당 표가 많이 나오는 실수를 저질렀고 이기붕의 지지표가 99%에 이르는 놀라운 결과를 얻기도 했습니다. 자유당은 자신들이 꾸민 조작에 스스로 놀라 부랴부랴 득표율을 낮추는 희극까지 벌일 정도였습니다.

이처럼 선거의 부정이 노골적으로 드러나자 시민들의 분노는 걷잡을 수가

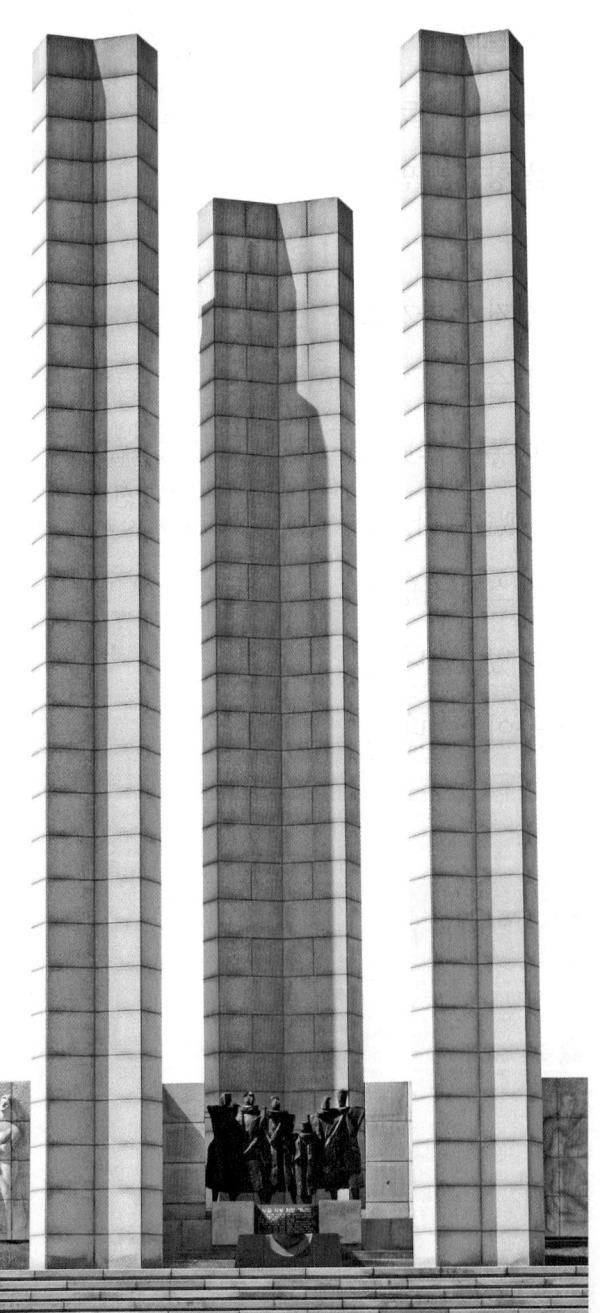

○ 4·19 기념탑

없었습니다. 이미 선거가 실시되기 전부터 부정 선거를 반대하는 움직임이 일어나고 있었습니다.

"민주주의를 되살리자! 부정 선거를 집어치우고 다시 하라!"

선거 당일, 마산에서 3·15 부정 선거의 무효를 주장하며 학생들과 시민들이 한 목소리로 외치기 시작했습니다. 이승만 정권이 시위대를 빨갱이로 몰아 잔인하게 탄압했지만 거대한 움직임을 멈출 수는 없었습니다.

그러던 4월 11일, 마산에서 끔찍한 사건이 터지고 말았습니다. 마산의 앞바다 위로 한 소년의 시체가 떠오른 것이었습니다. 한쪽 눈에 최루탄 파편이 박힌 참혹한 시체는, 당시 마산상고 1학년이던 김주열이었습니다.

이 소식이 퍼지자 마산은 거대한 분노에 휩싸였습니다. 마산에서 불같이 일어난 분노는 전국으로 번졌습니다.

1960년 4월 19일 화요일, 서울의 거리는 각 대학교와 중고등학교 학생을 비롯한 수십만 명의 시민들로 가득했습니다. 대규모 규탄 대회에 참가한 사람들은 이승만 정권이 있는 경무대(청와대의 전 이름)를 향해 나아갔습니다.

✓ **김주열**

전라북도 남원에서 태어났습니다. 금지중학교를 졸업하고, 1960년 마산상고에 입학하였습니다. 그해 3·15 부정 선거를 규탄하는 시위에 참가하였다가 실종된 지 한 달 뒤인 4월 10일, 최루탄이 눈에 박힌 시체가 마산 앞바다에 떠올랐습니다. 이것이 경찰이 한 일로 밝혀지자 학생과 시민의 분노가 폭발하여 4·19 혁명의 도화선이 되었습니다.

▲ 교수들의 시위 장면

"부정 선거를 다시 실시하라! 이승만은 물러나라! 독재 정권 타도하자!"

시위는 3·15 부정 선거를 규탄하고 무효를 주장하는 것에 머물러 있지 않았습니다. 시위대가 독재 정권 타도를 소리 높여 외치며 경무대로 다가가자, 다급해진 이승만 정권은 시위대를 향해 무차별 사격을 가했습니다.

경찰의 사격으로 많은 사람들이 다치거나 목숨을 잃었습니다. 하루 동안 전국에서 사망한 사람은 2백여 명에 달했고 부상자 또한 수천 명에 이르렀습니다. 전국은 뜨거운 피로 물들어 '피의 화요일'이 되었습니다.

억울한 피가 사방에 뿌려졌지만 민중의 외침은 결코 잦아들지 않았습니다.

크게 놀란 이승만은 부정 선거의 책임을 물어 이기붕을 부통령직에서 물러나게 했지만 민중의 분노와 독재 타도의 열망을 되돌릴 수가 없었습니다.

"무참히 죽어 간 학

생들의 피에 보답하라!"

4월 25일, 전국의 대학 교수 수백여 명이 거리에서 행진을 벌이자, 또 다시 큰 규모의 시위가 이곳저곳에서 일어나기 시작했습니다.

이승만 정권이 기댈 곳은 오직 미국뿐이었습니다. 그러나 미국도 이승만 정권의 기나긴 독재로 나라가 불안에 휩싸이는 것을 바라지 않았습니다.

4·19의 의지를 막을 수 없다고 판단한 미국은 이승만 정권을 더 이상 지지할 이유가 없었습니다.

○ 철거되는 이승만 동상

미국마저 돌아서자, 마침내 이승만은 대통령에서 물러나 미국 망명길에 올랐습니다. 이로써 12년 동안의 오랜 독재 정치와 함께 제1공화국도 막을 내렸습니다. 뒤이어 반드시 국회의 동의가 있어야 하는 내각 책임제로 개헌이 이루어졌습니다. 그리고 7월 19일, 윤보선이 대통령에 당선되면서 대한민국은 제2공화국으로 접어들었습니다.

4·19 혁명은 학생과 지식인들이 적극적으로 참여해 민중의 힘으로 부패한 독재 정권을 무너뜨린 거대한 움직임이었습니다. 또한 아직은 무르익지 못한 민주주의에 대한 열망을 보여 준 사건이기도 했습니다.

한강의 기적

4·19 혁명 이후 사람들은 자유 민주주의 정치를 원했으나 1961년 5월 16일, 박정희가 일으킨 군사 쿠데타에 의해 군사 통치가 시작됩니다. 박정희 정권은 오로지 경제 개발만을 목표로 하여 국민들의 기본권마저 박탈합니다.

제3공화국과 경제 발전

1961년 5월 16일 새벽, 탱크를 앞세운 군인들이 한강을 넘어왔습니다. 박정희 소장이 지휘하는 군대가 군사 정변을 일으킨 것이었습니다.

서울로 들어온 박정희는 중앙청과 방송국을 단숨에 점령하고 군사 혁명을 선언했습니다.

"군부가 일어난 것은 부패하고 무능한 정치인들에게 국가와 민족의 운명을 더 이상 맡길 수 없다는 판단 때문입니다. 우리는 이 어려운 상황에서 방황하는 조국의 위기를 극복하고자 합니다!"

군사 혁명이라는 이름으로 쿠데타를 일으킨 박정희는 제2공화국을 무너뜨리며 군사 통치의 길로 들어섰습니다. 이를 5·16 군사 쿠데타라고 합니다.

　이어 박정희는 1962년 12월 17일, 헌법 개헌안을 국민 투표에 붙여 통과시키고, 1963년 2월 26일, 민주공화당을 만들어 총재에 올랐습니다. 그리고 그 해 10월 15일에 치러진 제5대 대통령 선거에 당선되었습니다.

　그러나 권력을 잡은 박정희 정권 앞에는 많은 문제들이 놓여 있었습니다. 그 중에서도 대한민국의 경제는 최악의 상황이었지요. 대부분의 국민들이 가난과 굶주림에 허덕이고 있었고, 기본 물품을 만들 생산 시설과 공장조차 변변한 것이 없었습니다.

　"경제 개발을 하기 위해서라면 모든 것을 희생할 준비를 해야 한다!"

　박정희 정권은 경제 개발을 최우선의 과제로 내세웠습니다. 다른 것은 몰라도 경제 발전에 대한 그의 각오는 남달랐습니다.

　1962년 박정희 정권은 제1차 경제 개발 5개년 계획을 수립하며 경제 성장에 박차를 가했습니다. 울산과 서울의 구로동에 대규모 공업 단지를

◉ 제5대 박정희 대통령 취임식

○ 1970년대 후반 울산 공업 단지

> **✓ 경제 개발 5개년 계획**
>
> 1962부터 1981년까지 4차에 걸쳐 경제 개발 계획이 실시되었으며 1982년부터는 그 명칭이 경제 사회 발전 계획으로 바뀌어 실시되고 있습니다.
> 한국 경제는 조선 후기까지 농업 위주의 사회였으나 대한제국, 일제 강점기, 미국 의존 경제 시기를 거치면서 산업 사회로 변합니다. 그리고 1960년대 국민 경제를 계획적으로 발전시키기 위해 실행되었던 경제 계획을 토대로 고도의 경제 성장을 이룩하게 됩니다.

조성하며 수출 산업을 크게 키웠습니다. 그러나 문제는 자본이었습니다. 가난에 시달리는 대한민국은 개발을 추진할 돈이 없었습니다.

"큰일이다. 이많은 일을 하려면 밑받침 될 경제력이 필요한데……."

이 무렵, 미국의 도움도 해마다 줄고 있었습니다. 반공을 내세워 소련과 군비 경쟁을 벌이며 막대한 돈을 쏟아 부어 온 미국은 경제에 큰 어려움을 겪고 있었던 것입니다.

미국의 도움을 기대할 수 없던 박정희 정권이 눈을 돌린 곳은 일본이었습니다. 한국 전쟁 중에 군수물자를 만들어

팔아 경제를 닦은 일본은 경제 대국으로 급부상하고 있었습니다.

　박정희 정권은 일본에서 자본을 끌어들일 생각으로 한일 협정을 은밀하게 추진했습니다. 일본에 대해 증오감이 강한 우리 국민들의 원망이 들끓을 것이 뻔했지만, 박정희 정권은 어떤 식으로든 경제 개발을 밀어붙이겠다는 각오였습니다.

　이렇게 해서 박정희 정권이 끌어 온 자본은 3억 달러와 정부 차관 2억 달러, 민간 차관 1억 달러였습니다. 35년 동안의 식민 통치에 대한 보상 명목으로 받아온 돈으로는 터무니없이 초라한 액수였습니다.

　결국 1965년 6월 22일 박정희 정권은 일본과 한일협정을 정식으로 맺었습니다. 한일 협정이 알려지자 분노한 국민들이 거리로 쏟아져 나왔습니다. 국민들은 박정희 정권이 맺은 굴욕적인 한일 협정을 받아들일 수가 없었습니다.

　"한일 협정을 철회하라! 팔려가는 조국을 되찾자!"

　그러나 박정희 정권은 국민들의 분노를 제압하고 오로지 경제 개발을 밀어붙였습니다.

　"지금은 경제 발전이 시급하다!"

✓ 한일 기본 조약

1965년, 해방 이후 처음 열린 일제 강점기 역사 청산 협정이었습니다. 경제 개발 자금이 필요했던 박정희 정부는 협상 타결을 서둘렀습니다. 당시 중앙정보부장 김종필이 결정적 역할을 하면서 협정이 진행되었지요.
최대 관건은 식민지에 대한 사죄와 피해 보상 명목으로 지불되는 금액이었는데 협정문 어디에도 사죄의 표현은 없었습니다. 청구 금액은 무상으로 3억 달러에 해당하는 생산물 및 용역을 10년 동안 제공한다는 것과 추가로 2억 달러를 빌려준다는 것뿐이었습니다. 이로써 일본은 일제 강점기 때 받은 한국인의 피해를 이렇게 무마시킬 수 있었지요. 과거를 제대로 청산하지 못했다는 비판과 함께 굴욕 외교를 둘러싼 의혹은 지금까지 이야기되고 있습니다.

○ 한일 협정 비준서를 교환 중인 두 나라의 대표

✓ 베트남 전쟁

베트남의 독립과 통일을 위해 벌어진 전쟁입니다. 1960년에 결성된 남베트남 민족 해방 전선이 북베트남의 지원 아래 남베트남 및 이들을 지원하는 미국군과 싸운 것이죠. 1969년 전쟁에서 승리한 북베트남은 임시 정부를 수립하고 1975년 미군이 철수하자 지금의 베트남 정부를 세웁니다.

베트남 파병과 경부 고속도로 건설

박정희 정권이 추진한 또 하나의 정책은 베트남전에 군대를 파견하는 것이었습니다.

1965년 2월, 북베트남을 폭격하며 남베트남 정부를 대신해 전쟁에 뛰어든 미국은 큰 곤란을 겪고 있었습니다. 미국의 우세한 화력에도 불구하고 베트남 전역을 공산화시키려는 북베트남의 반격을 막아 낼 수가 없었던 것입니다.

미국은 유럽 각국의 참전을 원했지만 그 어느 나라도 전쟁을 원치 않았습니다. 더구나 수많은 미국의 젊은이들이 속절없이 죽어 가자 국내의 반전 여론이 거세졌고 미국은 진퇴양난에 놓여 있었습니다.

○ 베트남 전쟁 동굴 수색 작전 모형(전쟁기념관 제공)

이런 미국에 박정희 정권은 비장의 카드를 내놓았습니다. "미국이 대한민국을 지지하고 경제 원조를 약속한다면 베트남 전쟁에 군대를 보낼 것이다!"

미국은 대한민국의 베트남 전쟁 참전이 달갑지만은 않았습니다. 한국은 유엔의 회원국이 아니었을 뿐만 아니라, 동남아시아 조약 기구의 가입국도 아니었습니다. 한국군이 참전한다 해도 미국과 연합군이 함께 베트남 전을 수행하고 있다는 그럴듯한 모양새를 갖출 수가 없다고 판단했던 것입니다. 그러나 궁지에 몰려있던 미국은 선택의 여지가 없었습니다. 결국 한국에 전투 부대 파병을 요청했습니다.

1965년 국회에서 전투 부대 해외 파병 동의안을 통과시킨 박정희 정권은 1973년까지 군대를 파병했습니다. 무려

✓ **동남아시아 조약 기구**

미국을 중심으로 결성되었던 동남아시아의 반공 방위 조약 기구입니다. 1954년 마닐라에서 미국, 영국, 프랑스, 필리핀, 오스트레일리아, 뉴질랜드, 타이, 파키스탄의 대표가 모여 결성하였으며 1977년에 해체되었습니다.

🔼 개통 직후의 경부 고속도로

✅ 경부 고속도로

부산광역시 금정구 구서동에서 서울특별시 서초구 양재동에 이르는 고속도로입니다. 1971년 8월 31일에 노선 이름이 서울-부산간고속도로(고속국도 1)로 지정되었습니다. 경부 고속도로의 개통으로 서울과 부산이 일일생활권이 되었고 경제 성장의 발판이 되었습니다.

10년동안 진행된 파병으로 대한민국은 5천여 명의 사상자를 냈습니다.

그러나 젊은 군인들의 목숨과 맞바꾼 달러는 대한민국 경제 발전의 디딤돌이 되어 주었습니다. 뿐만 아니라 그 무렵 서독으로 간 광부들과 간호사들이 머나먼 이국 땅에서 고통을 감수하며 벌어들인 달러 역시 경제 성장의 원동력이었습니다. 지하자원과 기술이 없는 대한민국을 이끌어 나가는 힘은 오직 젊은이들의 고통과 인내였던 것입니다.

이들의 희생을 바탕으로 1962년부터 시작된 경제 개발 계획은 비약적인 경제 성장률을 기록하기 시작했습니다. 뒤이어 1967년 제2차 경제 개발 5개년 계획이 진행되자 수출이 늘어나면서 가난에서 벗어날 수 있다는 부푼 희망이 현실로 다가왔습니다.

"서울과 부산을 잇는 고속도로를 건설하자!"

자신감을 얻은 박정희 정권은 경제 발전의 전환점이 될

역사적인 사업을 밀어붙였습니다. 1968년에 시작해 1970년에 완공된 경부 고속도로는 수출을 늘리고 눈부신 성장을 이루는 바탕이 되었습니다.

경부 고속도로가 건설되자, 영남 지역의 공업 단지와 수도권이 하나의 대동맥으로 이어지며 매년 10%에 달하는 경제 성장을 이룩할 수 있었습니다. 대한민국이 한국 전쟁의 참상을 딛고 놀라운 속도로 경제 성장을 이룩하자, 세계의 언론은 앞 다투어 '한강의 기적'이라 소개하며 감탄을 금치 못했습니다.

한강의 기적

1960~1970년대에 우리나라가 이룬 경제 성장은 일찍이 그 유례가 없었기에 전 세계의 주목을 받았습니다. 세계 언론들은 우리나라의 경제적 성과를 '한강의 기적'이라고 보도하였지요. 독일이 제2차 세계 대전에서 패한 뒤 폐허를 복구하고 다시 부흥한 것을 일컫는 '라인강의 기적'에 비교되기도 했습니다.
제1차~제4차 경제 개발 5개년 계획 기간인 1962년부터 1981년까지 20년 동안, 우리나라의 국민 총 생산액은 약 25배, 수출액은 약 690배가 증가하였습니다.

◐ 발전한 서울의 모습

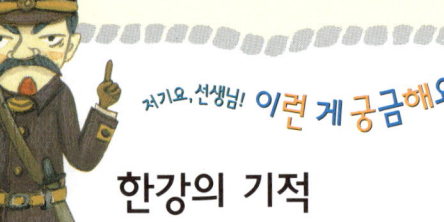

저기요, 선생님! 이런 게 궁금해요

한강의 기적

새마을 운동

○ 새마을 표장

새마을 운동은 1970년부터 시작된 범국민적 지역 사회 개발 운동이었습니다. 새마을 운동이 시작되던 70년대는 보릿고개를 넘기기 힘들만큼 먹고살기가 힘든 시절이었지요. 국민들에게 가난과 배고픔에서 벗어나는 일이 무엇보다 중요한 때였습니다. 이러한 시기에 전개된 새마을 운동은 이웃과 더불어 나라가 모두 잘살기 위해 출발한 운동이었으며 근면, 자조, 협동을 바탕으로 우리 마을과 사회, 나아가 국가를 새롭게 건설하자는 실천 운동이었습니다.

새마을 운동이 처음 탄생한 것은 1970년 4월이었습니다. 한 해의 나라 살림을 논의하기 위해 소집된 지방 장관 회의에서 박정희 대통령은 수재민 돕기와 농촌을 재건하기 위한 사업을 주장했습니다. 이렇게 새마을 가꾸기 운동이 시작된 것입니다.

이듬해 정부는 전국의 마을에 시멘트를 무료로 나눠 주며 마을의 환경 개선 사업을 추진했습니다. 볏짚으로 이은 지붕을 슬레이트와 함석으로 바꾸고, 담장을 바로 세우고, 마을 길을 정비하며 농촌의 생활 환경을 개선했습니다.

또한 1972년부터는 새마을 지도자를 발굴하고 교육시켜 농촌의 의식을 개선하고 소득과 생산을 높이는 일에도 집중하였습니다. 아울러 절약을 실천하고, 새마을 청소를 생활화하였으며 반상회를 개최하는 등 다양한 방법으로 새마을 운동을 이끌었습니다.

이처럼 새마을 운동이 시작되던 초기에는 낙후된 농촌의 생활 환경을 개선하고 소득을 증가시키는 데 목적을 두고 있었습니다. 그러나 실천 운동이 성과를 나타내기 시작하자 새마을 운동은 도시와 직장과 공장까지 확산되면서 근면, 자조, 협동 정신을 생활화하는 의식 개혁 운동으로 발전했습니다. 정부는 직접 나서서 새마을 운동을 주도하며 국민에게 경제적으로 자립을 이루어 선진국 대열에 진입할 수 있다는 의지를 심어 주고자 했습니다. 정치적인 혼란 속에서도 새마을 운동은 1970년대, 폭발적인 경제 발전을 이루는 정신적인 버팀목이 되어 주었습니다.

7·4 남북 공동 성명

1972년 7월 4일, 서울과 평양에서 공동 성명이 발표되었습니다. 이날 발표된 남북 공동 성명은 남북한이 둘로 분단된 이후 처음으로 통일과 관련해 서로 합의를 이끌어 낸 역사적인 사건이었습니다.

1971년 11월부터 1972년 3월까지 남북한 적십자사는 판문점에서 비밀리에 접촉을 추진했습니다. 이 접촉이 계기가 되어 남북한 고위 당국자가 서울과 평양을 서로 방문하며 정치적인 의견을 교환했고 마침내 7·4 남북 공동 성명을 발표하기에 이른 것이었습니다.

남북 공동 성명이 통일을 원칙으로 합의한 것은 세 가지였습니다.

첫째, 외세에 의존하거나 간섭을 받지 않고 자주적으로 해결한다.
둘째, 반대하는 상대방을 향해 무력 행사를 하지 않고 평화적 방법으로 실현한다.
셋째, 사상과 이념 및 제도의 차이를 모두 초월하여 하나의 민족으로서 대단결을 도모한다.

공동 성명이 담고 있는 자주, 평화, 민족 대단결의 3대 원칙은 남북한 접촉과 대화의 기본 지침이었습니다. 이로써, 분단 후 20여 년 동안 굳게 닫혀 있던 마음의 장벽이 허물어지며 남북한 대화의 통로가 마련되는 듯 보였습니다. 그러나 남북한 의사 소통을 맡은 남북 조절 위원회의 회담이 중단되면서 큰 진전을 이루지는 못했습니다.

○ 판문점

선생님과 역사 읽기 ••• 역사, 알고 끝내야죠!

민주주의를 향한 열망과 노력

5·18 광주 민주화 운동

1979년 10월 26일 저녁, 궁정동의 중앙정보부 밀실에서 여러 발의 총성이 울렸습니다. 다음날, 국민들은 중앙정보부장 김재규가 쏜 총탄을 맞고 대통령이 숨을 거두었다는 놀라운 소식을 접해야 했지요. 절대 권력자의 갑작스런 죽음으로 대한민국의 최고 자리는 텅 빌 수밖에 없었습니다. 이 기회를 놓치지 않고 등장한 세력은 다름 아닌 이른바 '신군부'였습니다. 당시 보안 사령관으로 있던 전두환은 노태우, 최세창 등을 움직여 병력을 출동시켰습니다. 그리고 단숨에 군대를 장악하여 12·12 쿠데타를 일으켰습니다. 그러자 박정희 정권의 몰락으로 민주주의의 기대에 부풀어 있던 국민들은, "비상 계엄을 철폐하고 전두환은 물러가라!"라고 외치며 시위를 벌였습니다. 특히 5월 18일, 전남대 학생을 중심으로 광주 지역의 시위가 심해지자 신군부는 계엄군을 투입해 폭력 진압에 나섰습니다. 이로 인해 수많은 학생과 시민들이 피를 흘리며 쓰러져야 했습니다. 몇몇 시민들은 경찰서 등에서 무기고를 열어 저항했지만, 끝내 치열한 총격전 속에서 수많은 광주 시민이 목숨을 잃었습니다.

6월 항쟁

간접 선거를 통해 대통령에 당선된 전두환은 신군부를 등에 업고 절대 권력을 행사했습니다. 하지만 서슬 퍼런 탄압 속에서도 민주주의를 향한 국민들의 열망은 더욱 불타올랐지요. 민주화 운동에 자극이 된 사건은 서울대생 박종철의 죽음이었습니다. 1987년 1월, 정보 기관에 연행되어 조사를 받던 박종철이 사망했는데, 정부는 "탁, 하고 치니 억, 하고 죽었다!"라고 발표했습니다. 하지만 그 누구도 그 말을 믿지 않았지요. 조사가 시작되고, 사망 원인이 고문 때문이라는 사실이 드러나면서 국민들의 분노는 걷잡을 수가 없었습니다.

국민들은 정권의 퇴진을 강력히 요구하며 거리로 나섰습니다. 불붙기 시작한 민주화의 함성은 전국 방방곡곡으로 퍼져 나가며 국민을 하나로 모았습니다. 결국, 전두환 정권도 국민들의 열망을 더 이상 짓밟을 수가 없었지요.

6월 29일, 민주정의당 소속 대통령 후보로 나섰던 노태우는 민주화 선언을 발표해야 했습니다. 6·29 민주화 선언 속에는 대통령을 국민이 직접 뽑는 직선제로 개헌한다는 내용이 담겨 있었습니다. 모든 국민이 하나가 되었던 6월 항쟁은 민주주의의 열망이 이룩해 낸 커다란 승리였습니다.

2002 한일 월드컵의 환희

붉은 악마의 길거리 응원(서울 시청앞)

2002년 여름, 한반도는 붉은 물결에 휩싸여 있었습니다. 일본과 공동으로 개최한 2002년 한일 월드컵이 시작되면서 국가 대표 축구팀은 믿을 수 없는 신화를 쓰고 있었고, 시청과 광화문을 비롯해 전국의 모든 광장이 붉은색 응원복의 물결로 출렁였습니다.

붉은 악마는 대한민국 축구 국가 대표팀 서포터의 상징이었지만 우리 축구 대표팀이 세계 4강의 신화의 역사를 쓰는 동안 열정과 환희로 온 국민 모두가 붉은 악마가 되었습니다. 수백만 명의 응원 물결이 전국의 거리와 광장을 가득 메운 모습은 전 세계로 보도되었고, 대한민국의 열정에 놀란 세계 여러 나라는 감탄과 찬사를 아끼지 않았습니다.

월드컵이 끝난 뒤 붉은 악마와 길거리 응원은 대한민국을 상징하는 문화 코드로 세계를 사로잡았습니다. 대한민국이 월드컵에서 보여 준 진취적인 기상이 세계를 놀라게 한 것입니다. 온 국민을 축제의 한마당으로 나오게 한 2002 월드컵은 우리 사회에 뿌리 깊이 자리 잡은 지역 갈등과 이기주의를 극복할 수 있는 희망과 자신감을 심어 주기에 충분했습니다.

대한민국을 하나로 묶어 준 축제의 한마당이었지요.

2002 월드컵 응원 모습